CURIOSITÉS
DE
SAINT-CLOUD.

DE L'IMPRIMERIE DE J. SMITH.

CURIOSITÉS

DE

SAINT-CLOUD,

Contenant les Annales, les Antiquités, l'Histoire civile et ecclésiastique de ce bourg; la Description détaillée de l'extérieur et de l'intérieur du Château, des Peintures, Sculptures et Objets d'art qui en font l'ornement; celle des Parc, Jardins, Cascades, Jets d'eau, etc, etc.

Par J. P. C******.

A SAINT-CLOUD,

Chez VIEILLOT, Grande avenue du Parc.

1815.

ANNALES,
ANTIQUITÉS, DESCRIPTION
DE
SAINT-CLOUD.

BOURG DE SAINT-CLOUD.

Saint-Cloud est un bourg situé sur la rive gauche de la Seine et bâti sur un terrain élevé en gradins.

Il fait partie du département de Seine-et-Oise, de l'arrondissement de Versailles et du canton de Sèvres.

Tous les ans il y a une foire à Saint-Cloud, qui commence le 7 septembre et dure trois semaines.

C'est la plus belle de celles qui ont lieu dans les environs de Paris.

Tout ce qu'il y a de bateleurs, saltimbanques et

marchands forains dans la capitale s'y rend de tous côtés; on ne voit que danses, jeux, spectacles.

Parmi tous les bals champêtres, celui de l'Étoile jouit d'une réputation que rien ne balance.

Là se rendent, trois fois par semaine, les bourgeois de tous les environs, et cette assemblée ne manque pas d'un certain éclat.

Les grands appartemens du château sont ouverts au public pendant la durée de cette foire.

Saint-Cloud est à 8 kilomètres (2 lieues) de Paris, et à la même distance de Versailles.

On y arrive par un pont de pierre de onze arches. Ce pont serait bien ancien si ce que dit M. Chastelain, dans sa table des lieux (1), était véritable; savoir qu'on l'appelait *Pons Vibius* : et Saint-Cloud *Novigentum ad pontem vibium.* Mais il paraît que cet abbé a pris le *Pons Vibiensis* qui était sur la rivière d'Orge (*Urbia*), au midi de Paris, pour celui-ci. — Ce que l'on trouve de plus ancien sur le pont de Saint-Cloud, c'est qu'il existait en 841, et que ce fut pour empêcher que l'armée de Lothaire, frère de Charles-le-Chauve, n'y passât, après avoir traversé la Belgique ou la Champagne, que Charles-le-Chauve fit camper la sienne entre Saint-Denis et Saint-Cloud.

L'historien moderne de l'abbaye de Saint-Denis

---

(1) Martyrol. univ., pag. 1069.

dit, à l'an 1218, qu'il fut réglé que l'évêque de Paris aurait les moulins sur le pont de St.-Cloud et non l'abbaye de Saint-Denis (1).

En 1307, ce pont était si vieux que le roi avait permis aux habitans de lever un droit pour son rétablissement. L'amodiation de ce droit pour deux ans, faite à Jean de Provins, montait à 360 liv. —Différens auteurs de l'histoire de Charles VI, parlent de la prise de ce pont par les Armagnacs, de la reprise par les Bourguignons (2), comme nous le verrons dans la suite. —En 1411, il paraît qu'il était en partie de bois, et qu'on avait construit dessus une forteresse. —Le roi Henri II le fit rebâtir à ses dépens en 1556.—Il fut depuis d'une grande utilité à Henri IV qui, après la bataille d'Ivry, s'en empara ainsi que de celui de Charenton, afin d'affamer la ville de Paris (3).— En 1810, il fut réparé dans son entier, les deux arches du milieu qui avoient été coupées du temps de la ligue et refaites en bois, furent reconstruites en pierre. Le moulin qui était situé sur l'extrémité voisine de la rive droite fut démoli, les filets furent enlevés, des bornes furent placées de chaque côté, en un mot, il fut restauré et élargi dans sa totalité.

---

(1) Histoire de Saint-Denis, Félibien, pag. 220.
(2) Hist. de Charles VI, par le Labour, pag. 784.
(3) En 1594. *Voyez* les Éphémérides, Tom. II, pag. 197.

En 1815, le 1.er juillet, les Français firent sauter l'arche du milieu, afin d'empêcher le passage de la Seine aux Anglo-Prussiens. Le 2 et le 3 du même mois, il s'engagea, d'une extrémité du pont à l'autre, une vive fusillade. Le 5, à l'aide de grands arbres que l'on jeta sur l'ouverture, on rétablit le passage.

La population de Saint-Cloud est à peu près de 1,250 habitans.

Origine du nom de Saint-Cloud.

Clovis, en mourant (1), laissa quatre fils, Thierry, Clodomir, Childebert et Clotaire, qui partagèrent son vaste royaume.

Thierry fut roi d'Austrasie, Clodomir, d'Orléans, Childebert, de Paris, et Clotaire, de Soissons (2).

Clodomir ayant été tué à la bataille de Veseronce (3) qu'il gagna avec son frère Thierry, sur Godemar, roi des Bourguignons, laissa trois fils presqu'au berceau :

---

(1) En 511. Histoire de France, par Daniel, Tom. I, pag. 80.
(2) Frédégar, C. 30.
(3) Grégor. Tur., L. 5, C. 6.

Théodebalde ou Thibaut, Gunthaire et Clodoalde; leur aïeule, la reine Clotilde, les élevait à Tours. Son intention était, si elle l'eût pu, de les faire régner, et de partager entre eux le royaume de leur père. Elle ne fit que trop connaître son dessein là-dessus, et sa trop grande tendresse ne servit qu'à avancer leur perte.

Comme un jour elle était venue à Paris avec les trois petits princes (1), Childebert écrivit, de cette ville, à Clotaire, roi de Soissons, que la reine leur mère était arrivée avec ses petits-fils; qu'il savait, avec certitude, le désir qu'elle avait de les voir sur le trône de leur père; qu'elle prenait des mesures pour cela ; qu'il était à propos qu'il vînt incessamment à Paris pour délibérer avec lui de ce qu'ils avaient à faire en cette conjecture. Clotaire partit aussitôt et se rendit à Paris.

Cependant, Childebert feignait de n'avoir pas d'autres vues que celles de la reine sa mère; et il fit courir le bruit que le voyage du roi de Soissons n'était que pour régler, de concert les uns avec les autres, le partage de la succession du feu roi Clodomir, entre ses trois enfans.

Clotaire étant donc arrivé, et s'étant abouché avec Childebert, ils envoyèrent de leur part, à la

---

(1) Grégor. Tur., L. 3, C. 18.

reine Clotilde, demander les jeunes princes afin, disaient-ils, de leur donner en cérémonie, la qualité de roi, et de les faire reconnaître et saluer comme tels par le peuple de Paris, avant qu'ils allassent prendre possession chacun de leur domaine.

La sainte princesse ne pouvait recevoir une plus agréable nouvelle : elle les fit partir sans délibérer, et leur dit, en les embrassant :

« Allez, mes enfans, j'oublie en ce moment la mort funeste de votre père, puisque je vais avoir la consolation de vous voir régner en sa place. »

Mais sa joie fut courte; car ils ne furent pas plutôt arrivés au palais de Childebert, qu'on arrêta leurs gouverneurs et toute leur suite, et qu'on leur donna à eux-mêmes des gardes dans un appartement séparé, sans leur permettre d'avoir communication avec qui que ce fût.

La reine reconnut alors, mais trop tard, la faute qu'elle avait faite de les avoir amenés à Paris; et, ce qui était pis encore, de les avoir, avec tant de crédulité, mis dans les mains de leurs oncles. Mais elle fut bien plus surprise lorsque, quelques jours après, Arcade, sénateur, qui avait livré la ville d'Auvergne à Childebert, la vint trouver de la part des deux rois, et lui présenta des ciseaux et une épée nue, lui disant que le sort de ses petits-fils dépendait du choix qu'elle ferait de l'une de ces deux choses. On lui faisait entendre par-là que ces princes consentissent à renoncer au trône, en se faisant couper les cheveux, ou à mourir.

Cette proposition jeta la reine dans une consternation extrême; et s'abandonnant aux reproches, et détestant la perfidie dont on usait envers elle et envers ses petits-fils, il lui échappa, dans le fort de sa douleur, de dire qu'elle aimait mieux les voir morts que réduits à la condition de sujets.

Arcade prenant cela pour sa réponse, va la porter à Childebert et à Clotaire, en présence de deux de ces petits princes qu'on avait avertis de l'alternative et de l'incertitude de leur sort. Clotaire, sans tarder davantage, prend par le bras l'aîné, âgé de dix ans, le jette par terre et lui enfonce le poignard dans le cœur. L'autre, qui n'avait guère que sept ou huit ans, court tout effrayé, en criant et en pleurant, se jeter aux pieds de son oncle Childebert, et le prie, en lui serrant les genoux, de lui sauver la vie. Ce prince, tout dur qu'il était, fut attendri par les pleurs de ce pauvre enfant, et ne pouvant lui-même retenir ses larmes, conjura Clotaire de ne pas passer outre, et se mit entre lui et le petit prince. Alors ce furieux levant le poignard sur Childebert lui dit, les yeux tout étincelans de colère : « C'est toi qui m'as engagé à commettre ce crime et tu recules; meurs toi-même ou laisse-moi achever ce que j'ai commencé; et, lui arrachant en même temps l'enfant, il l'égorge et sort de son appartement pour en aller faire autant au troisième; mais il avait été caché par des personnes à qui cette cruelle exécution fit horreur; ce fut apparemment par les gens de Childebert. Clotaire ne put jamais le découvrir; mais il acheva d'assouvir sa rage sur les gouverneurs et domestiques qui furent tous assassinés par son ordre. L'enfant qui avait échappé était Clodoalde (depuis, par corruption, Cloud.) qui, pour éviter la mort, prit le parti de se faire couper les cheveux en 551, et d'entrer, quand il fut en âge, dans les ordres sacrés : il se retira en conséquence à Nogent, dans un hermitage ou un monastère qu'il y fonda (1). Il y mourut, et ses reliques opérèrent, dit-on, des miracles qui rendirent ce lieu considérable.

La vie ou panégyrique de Saint-Cloud, composé il y a environ huit cents ans, marque que ce saint prêtre avait légué à la mère église de Paris la terre dite alors *Novigentum*, avec l'église qu'il y avait bâtie. On voit aussi, en effet, que dans le neuvième siècle les évêques de Paris regardaient le corps de Saint-Cloud comme l'une des reliques de leur diocèse qui méritait le plus de respect. Il n'est pas douteux que ce fut vers ce temps-là que

---

(1) Gregor. Tur., L. 3, cap. 18.

là nécessité où les chanoines de Notre-Dame furent d'entretenir relation avec le clergé qui desservait l'église de Saint-Cloud, soit pour avoir donné le réfuge au corps du saint dans le fort des courses des Normands, soit par rapport au gouvernement du temporel de cette terre appartenant à l'évêché, occasionna en ce lieu l'établissement d'une société qui observait la vie canoniale, et qui forma par suite une véritable collégiale. On voit même dans un acte authentique de l'an 811, que Saint-Cloud était dès-lors mis au nombre des lieux où il y avait ce qu'on appelait *Congregatio fratrum.* Comme il y avait un abbé à leur tête, il faut dire que dès-lors c'était une abbaye séculière.

Il est pourtant vrai qu'on ne trouve de vestiges plus apparens de cette église collégiale que depuis six cents ans, qui est à peu près le temps de la bâtisse de l'église qu'on voyait en 1785 dans ce bourg, et qui, à cause de sa vétusté, fut démolie par ordre de la reine. Cette princesse commençait à la faire reconstruire sur un nouveau plan quand la révolution empêcha d'achever ce monument, qui depuis est resté sans qu'on y ait travaillé. Depuis ce temps on se servit de la chapelle du couvent des Ursulines (1) jusqu'en 1806, où elle

---

(1) Ce couvent, situé près du château, fut établi à Saint-Cloud en vertu de lettres-patentes enregistrées le 7 janvier 1661.

tomba en ruines, ce qui força d'avoir recours à la chapelle de l'hôpital (1), qui est celle où, malgré ses petites dimensions, l'on célèbre la messe aujourd'hui.

Il est probable que comme le corps de Saint-Cloud avait été mis en réfuge à Notre-Dame de Paris, la collégiale ne commença à subsister en forme que lorsque l'évêque l'eut fait rendre et remettre en son lieu.

Le tombeau de pierre de ce saint se voyait encore, dans un crypte, sous l'église : il était long de sept pieds, et on y lisait ces trois distiques, gravés sur le marbre noir-bleuâtre qui le couvrait :

ARTVB : HUNC TVMVLVM CLODOALDVS CONSECRAT ALMIS

EDITUS EX REGVM STEMMATE PERSPICVO.

QVI VETITVS REGNI SEPTRVM RETINERI CADVCI.

BASILICAM STVDVIT HANC FABRICARE DEO.

ÆCLESIÆQUE DEDIT MATRICIS JURE TENENDAM

URBIS PONTIFICI LVQUE FORET PARISI.

Lorsque le corps de Saint-Cloud fut tiré du

---

(1) Cet hôpital fut fondé par le duc d'Orléans, frère unique de Louis XIV.

tombeau, on enchâssa séparément l'os de l'un de ses bras pour l'exposer au public. On enchâssa aussi un os du doigt de ce saint dans une boîte de cristal, soutenue d'un pied de vermeil doré émaillé. On trempoit cet ossement, en forme de croix, dans l'eau que l'on bénissait pour les malades, dont l'oraison se trouve dans le propre de la collégiale imprimé en 1702. Cette explication était nécessaire pour montrer sur quoi Fauchet a pu être fondé pour assurer que les eaux de Saint-Cloud passent pour avoir la vertu de guérir les écrouelles.

On doit compter parmi les événemens les plus honorables à l'église de Saint-Cloud, le choix que Galon, évêque de Paris, en fit pour le dépôt du bois de la vraie croix, qu'Anselme, préchantre du saint sépulcre de Jérusalem, envoya à l'église de Paris, et qui y fut transporté solennellement du lieu de Saint-Cloud, le 1.er août 1109. Ce bois vénérable y reposa trois jours, et en mémoire de cela l'église mérita d'en avoir deux petits morceaux.

Après cette relique, la plus précieuse était une dent de Saint-Jean-Baptiste, enchâssée, entre quatre perles et quatre rubis, dans un cristal de roche ovale, soutenu par une figure du même saint.

Dans la chapelle de St.-Michel, située à la droite du chœur, s'élevait une colonne torse de marbre rouge, que M. d'Epernon avait fait ériger pour mettre au-dessus le cœur de Henri III, assassiné à Saint-Cloud. Dessus le monument était cette inscription, en lettres d'or :

> Adsta viator, et dole Regum vicem.
> Cor Regis isto conditum est sub marmore
> Qui jura Gallis, sarmatis jura dedit,
> Tectus Cucullo hunc sustulit sicarius,
> Abi, viator, et dole Regum vicem.

Les entrailles de Philippe, duc d'Orléans, et celles d'Henriette-Anne Stuart étaient aussi dans cette église.

Ancien chapitre de Saint-Cloud.

Au commencement du treizième siècle il y avait à la tête du chapitre de Saint-Cloud un doyen et un chevecier : les bénéfices étaient considérables, mais leurs biens se sont perdus; les chanoines ont été obligés de les vendre en différens temps et à vil prix.

L'église paroissiale, à l'époque de 1789, était collégiale.

La communauté de la Mission, composée de quatre prêtres qu'on y voyait alors, avait été établie en ce lieu par *Monsieur*, frère du Roi, pour la chapelle de son château, en 1688.

On ne se ressouvient pas, tant le titre est

ancien, depuis quand l'archevêque de Paris était seigneur de Saint-Cloud, mais l'on sait très-bien que Louis XIV l'érigea en duché-pairie en faveur de François Harlay, archevêque.

ÉVÉNEMENS REMARQUABLES.

Saint-Cloud a été le théâtre de plusieurs événemens célèbres dans les fastes de l'histoire.

Chilpéric reçoit à Nogent les ambassadeurs qu'il avait envoyés à Constantinople trois ans auparavant.

Grégoire de Tours raconte (1) qu'en 581, Chilpéric, l'un des fils de Clotaire, roi de Soissons, et qui était alors des trois rois français le plus redouté, se trouvant à Nogent (aujourd'hui Saint-Cloud), reçut les ambassadeurs qu'il avait envoyés trois ans auparavant à Constantinople, et qu'ils y arrivèrent en fort mauvais équipage. Comme ils n'avaient osé prendre terre à Marseille, à cause de la mésintelligence qui était entre leur maître et le roi de Bourgogne, à qui elle appartenait, ils avaient été obligés de gagner le port d'Agde, qui était du domaine des Visigoths d'Espagne.

---

(1) Gregor. Tur., L. 5, C. 18.

Dans ce trajet leur vaisseau s'était brisé; une partie de l'équipage y avait péri, et les ambassadeurs avaient eu beaucoup de peine à se sauver avec ce qu'ils avaient apporté de plus précieux pour le roi de la part de Tibère, empereur de Constantinople.

Il y avait entre autres choses plusieurs médailles d'or, pesant chacune une livre, où l'on voyait d'un côté la tête de l'empereur, avec cette légende :

Tiberius Constantinus perpetuus Augustus.

Et au revers était un char de triomphe tiré par quatre chevaux, avec cette inscription :

Gloria Romanorum (1).

Traité d'alliance entre Chilpéric et Childebert.

Ce fut encore en ce temps là (581) que les ambassadeurs du roi d'Austrasie arrivèrent à Nogent pour conclure un traité (2).

Gilles, évêque de Rheims, était le chef de l'ambassade, et avait avec lui les seigneurs les plus considérables du royaume d'Austrasie; car c'était la coutume en ce temps là, et cette coutume dura

---

(1) Gregor. Tur.; L. 6, C. 2.
(2) *Ibid.* L. 6, C. 4.

très-long-temps en France, d'envoyer ensemble plusieurs ambassadeurs qui composaient comme une espèce de conseil. Ils firent à Chilpéric la proposition de se déclarer contre le roi de Bourgogne, et de l'obliger à restituer la moitié de Marseille au roi d'Austrasie. Cette proposition fut très-favorablement écoutée; mais il éluda celle qu'ils lui firent aussi de rendre la ville de Poitiers, en leur disant qu'il regardait le roi d'Austrasie comme son fils et son héritier, et que lui le devait réciproquement regarder comme son père; que Poitiers lui reviendrait tôt ou tard, et que sans se faire de procès l'un à l'autre, il fallait laisser les choses dans l'état où elles se trouvaient. Les ambassadeurs ne firent plus d'instance sur ce point là, signèrent le traité d'alliance, et s'en retournèrent comblés d'honneurs et de présens.

Aussitôt après, Chilpéric fit partir l'évêque Leuvalde, avec quelques autres seigneurs, pour aller en Austrasie confirmer le traité de Nogent, et en recevoir la ratification du jeune prince.

Saint-Cloud réduit en cendres en 1358.

On ne voit dans aucune histoire des incursions des Danois autour de Paris, dans le neuvième siècle, qu'ils aient ravagé nommément Saint-Cloud qui était à leur portée, tant par eau que par terre ; mais il se lit que les Anglais et Navarrois, dans les courses qu'ils firent en France, le réduisirent en cendres.

Prise de Saint-Cloud par Jean de Bourgogne, sur Charles d'Orléans.

En 1411, Saint-Cloud fut pris par le duc Jean de Bourgogne sur le duc Charles d'Orléans.

On sait que ce duc de Bourgogne, cousin germain de Charles VI, avait, le 23 novembre 1407, fait assassiner le duc Louis d'Orléans, frère du roi (1).

Charles d'Orléans, pour venger la mort de son père, attira dans son parti plusieurs seigneurs de France, parmi lesquels on distinguait le duc de Berry, le comte de Clermont et le comte d'Armagnac. Les gens de ce dernier portaient tous des écharpes blanches : cette espèce de nouveauté fit qu'on appela Armagnacs tous ceux qui avaient pris parti contre Jean de Bourgogne (2).

---

(1) Mémoires de Pierre de Fenin, recueillis par Gérard de Tierlaine, sieur de Graincourt-les-Duisans, Tom. V, pag. 331, de la Collection universelle des Mémoires particuliers relatifs à l'histoire de France.

Voyez aussi l'histoire de Charles VI, par Juvénal des Ursins, pag. 189 et 190.

(2) Journal de Paris, pag. 4 et 5.

Celui-ci de son côté avait rassemblé tous les gentilshommes de ses états, auxquels s'était joint le comte d'Arondel avec quatre ou cinq cents Anglais, et s'était rendu à Paris où il avait été fort bien reçu du roi et du dauphin.

Cependant, le duc d'Orléans occupait Saint-Denis et Saint-Cloud avec tous ses gens; de sorte qu'il y avait souvent entre Paris et Saint-Denis de grandes escarmouches entre les deux partis.

« En ce temps, comme le rapporte Pierre de
« Fenin, écuyer et pannetier de Charles VI, par
« une nuit de St-Martin d'hiver (1), le duc Jean
« sortit de Paris avec grande puissance, et s'en
« alla toute nuit à Saint-Cloud où il arriva au
« point du jour; il mit aussitôt ses gens en ordon-
« nance, et envoya Enguerran de Bournonville et
« ses autres capitaines, pour assaillir la ville de
« Saint-Cloud; lesquels firent tant qu'elle fut prise
« par force. Il y eut une grande perte des gens du
« duc d'Orléans qui se retirèrent dans la forteresse
« du pont et au Moustier de la ville; mais il y eut
« grand assaut donné audit Moustier par les gens
« du comte d'Arondel, ceux qui étaient dedans se
« défendirent bien, et toute fois rien ne leur valut;

---

(1) Collection universelle des Mémoires relatifs à l'histoire de France, Tom. V, pag. 348.

« car il convint qu'ils se rendissent à la volonté
« des Anglais (1).

« Quand le duc Jean eut ainsi besogné à Saint
» Cloud, il se retira au giste à Paris et ses gens
» avec lui.

« Tandis que l'assaut durait au pont de Saint-
» Cloud, le duc d'Orléans vint pour secourir ses
» gens, mais la rivière de Seine était entre deux;
» et il ne pouvait passer à cause du duc Jean,
» lequel après cet exploit rentra, comme dit est,

___

(1) L'auteur du Journal de Paris place la prise du pont de Saint-Cloud en 1411. Voici ce qu'il dit :

Le huitième jour de novembre audit an, fit chacun disenne selon sa puissance, de compagnons vêtus de jacques et armes, et firent leur montre ce dit jour, et furent bien seize ou dix-sept cents tretous forts hommes. Et ce jour, environ dix heures de nuit party de Paris, le duc de Bourgogne, avecqués lui les compagnons dessusdits et les Anglais; et alla toute nuit à Saint-Cloud, et partit par la porte Saint-Jacques. Donc il fit assaillir ledit pont et la ville qui était toute pleine de très-puissants gens d'armes arminacs; qui moult se déffendirent; mais pou leur valust : car tantot furent déconfits et tous mis à l'épée. (Journal, pag. 6.)

L'histoire chronologique de Charles VI, pag. 423, et celle de Juvénal des Ursins, pag. 233, s'accordent avec le Journal de Paris, pour la date de la prise de Saint-Cloud.

» à Paris; puis le duc d'Orléans et ses gens pas-
» sèrent tous au pont de Saint-Cloud, et allèrent
» de nuit, en tirant vers le pays de s'en Berry.

C'est à Saint-Cloud que fut assassiné en 1589, le roi Henri III.

Monsieur de Thou, écrivain contemporain et l'abbé de Sauvigny rapportent ainsi cet abominable crime.

Henri III est assassiné.

Le roi se rendit à Saint-Cloud, bourg situé sur la Seine. Ce poste était d'autant plus important, qu'il a un pont de pierre sur cette rivière. Les ennemis s'étaient retranchés sur quelques arches, mais ils en furent chassés à coups de canon. (1)

La ligue semblait n'avoir plus de ressource, déjà les auteurs de la révolte frémissaient à la vue des châtimens que la nécessité de faire un exemple obligeait le monarque outragé à leur préparer, lorsqu'on vit un moine audacieux former le détestable projet de s'exposer à une mort certaine pour assassiner son souverain.

Cet homme s'appelait Jacques Clément, natif du village de Sorbonne, près Sens; il avait été

---

(1) Histoire universelle de J. A. de Thou, Tom X, pag. 666.

élevé dans le couvent des Dominicains de cette ville.

C'était un jeune homme d'environ vingt-deux ans, sans lettres, vivant dans le libertinage et l'oisiveté. Les déclamations furieuses des prédicateurs qui se déchaînaient contre le roi, lui firent former cet horrible projet (1). Son air résolu et soldatesque l'avait fait nommer par ses confrères le capitaine Clément; souvent il les entretenait du dessein qu'il avait formé; on prétend qu'il y fut confirmé par son prieur, Bourgoing, qu'il avait consulté, dit-on, dans le secret du tribunal sacré, pour savoir s'il était permis de tuer un tyran (2).

Il paraît certain que la duchesse de Montpensier et Mayenne eurent connaissance de cet attentat et le favorisèrent; quelques mémoires du temps assurent que ce dernier eut deux entretiens secrets avec le jeune Dominicain (3).

Le dernier de juillet 1589, le moine Clément sort de Paris et s'achemine vers le quartier du roi.

Pour lui faciliter un libre accès auprès du mo-

---

(1) Histoire universelle de J. A. de Thou, Tom. X, pag. 666.

(2) Histoire de Henri III, roi de France et de Pologne, par l'abbé de Sauvigny, pag. 234.

(3) Histoire de Thou, Tom. X, pag. 670.

narque, on lui avait procuré un passeport du comte de Brienne, de la maison de Luxembourg, et des lettres pour le roi, du premier président, tous deux renfermés à la Bastille.

Le procureur général La Guesle, qui le rencontre sur la route, trompé par ses lettres et par son apparente ingenuité, le tire des mains de quelques soldats qui le maltraitaient, et le conduit à Saint-Cloud dans son propre logement. Clément, interrogé par un magistrat accoutumé à confondre les coupables, répond sans se troubler, à toutes ses questions; il se prétend chargé d'avis importants qu'il ne doit communiquer qu'au roi. En soupant, le scélérat se sert du fatal couteau qui doit être l'instrument de son crime : il repose tranquillement toute la nuit..... Le fanatisme ne connaît pas les remords (1).

A son lever (1.er août 1589), le roi instruit de l'arrivée du jeune dominicain, le fait introduire (2).

La Guesle le présente, Clément remet ses lettres, et sous prétexte du message important dont il se dit chargé, il demande au prince un entretien secret. Henri, malgré la sage méfiance de ceux

---

(1) Histoire de Sauvigny, pag. 236.
(2) Henri III occupait alors la maison de François de Gondy.

qui l'entourent, ordonne qu'on s'éloigne. Le fanatique s'approche ; et pendant que le roi lit ses lettres, il lui enfonce dans le ventre le couteau qu'il tenait caché dans sa manche.

La surprise et la douleur arrachent un cri au monarque. Il retire le couteau sanglant et en frappe le front de son assassin, aussitôt Montpesat de Lognac, et Jean de Levis baron de Mirepoix, qui étaient alors dans la chambre, peu maîtres d'un premier mouvement, saisissent le moine, le renversent et le font expirer sous leurs coups. Ensuite on fit le procès au cadavre et on le condamna à être traîné sur la claye, tiré à quatre chevaux et brûlé. Cet arrêt fut exécuté sur-le-champ, et les cendres furent jetées à la rivière (1).

Triste effet de la superstition ! Les parisiens se livrèrent aux transports d'une joie frénétique, ils se rendirent en foule à Saint-Cloud pour honorer le lieu de son supplice; ils raclèrent le tertre empreint de son sang, ils chargèrent de ces étranges réliques un bateau qui succomba sous le poids et périt avec eux dans le trajet (2).

Cependant la blessure du roi fut d'abord jugée peu dangereuse, et par son ordre, on l'écrivit

---

(1) Histoire de Sauviguy, pag. 237.
(2) *Ibid.*

ainsi aux gouverneurs des provinces; mais vers le soir, il lui survint une fièvre violente; dès lors il se condamna lui-même, et vit approcher la mort avec tranquillité, sans témoigner d'autres regrets que celui de n'avoir pu appaiser les troubles de l'État.

Alors profitant de l'attendrissement qu'il remarquait dans tous les yeux, après avoir parlé quelque temps avec fermeté de sa mort, dont il ne voulait pas qu'on poursuivît la vengeance, il s'étendit avec sensibilité sur le malheur des états déchirés par les guerres civiles. Il les exhorta vivement à reconnaître Bourbon pour l'héritier légitime de la monarchie, malgré la différence de religion. Ensuite faisant approcher ce prince qui ne pouvait retenir ses larmes, et le serrant dans ses bras, il lui dit: « soyez certain, mon cher beau-frère, que « vous ne serez jamais roi de France, si vous ne « devenez catholique.

Ainsi mourut Henri III, le 2 août 1589, à quatre heures du matin, âgé de trente-huit ans dix mois et treize jours, après un règne de quinze ans qui fut troublé par de continuels orages (1).

18 *brumaire* (10 *novembre* 1799).

Saint-Cloud a encore été le théâtre d'une scène

___

(1) Histoire de Sauvigny, pag. 238-239.

fameuse dans les fastes de notre révolution; Je veux parler du 18 brumaire.

Le Directoire était aux abois et tout présageait une révolution prochaine, quand Bonaparte, laissant l'armée d'Égypte sous le commandement de Kléber, revint précipitamment à Paris.

A peine rentrait-il dans sa patrie, que les chefs de toutes les factions se pressèrent autour de lui pour se fortifier de son suffrage; au milieu de cette fluctuation, Bonaparte conçut l'idée de s'emparer des rênes de l'État, et le 18 brumaire fut décidé.

Ce jour arrivé, le Conseil des Anciens, sur les huit heures du matin, rendit un décret par lequel il transféra le Corps Législatif à Saint-Cloud, chargea le général Bonaparte de l'exécution, et mit à sa disposition les gardes du Corps Législatif et toutes les troupes de la dix-septième division.

A la nouvelle de la séance inattendue du Conseil des Anciens, le Directoire s'était assemblé extraordinairement, de cinq directeurs trois se trouvaient dans le palais du Luxembourg, Barras, Gohier et Moulin; les deux autres Sieyes et Roger-Ducos, s'étaient rendus vers les neuf heures à la Commission des inspecteurs des Anciens. Le Directoire voulant s'instruire des circonstances du mouvement qui s'annonçait, manda auprès de lui les ministres et le commandant militaire de la place de Paris; les ministres arrivèrent au Luxembourg, le commandant militaire répondit qu'un décret irrévocable, qui venait d'être rendu, investissait le général Bonaparte du commandement suprême de toutes les troupes dans Paris, et qu'il n'était plus lui-même qu'un subalterne.

Les trois directeurs ne se voyant plus soutenus par la force publique, sentirent le pouvoir sortir de leurs mains. Les rapports qui leur arrivaient successivement leur apprirent enfin que leur règne était irrévocablement passé.

A midi, le directeur Barras envoya sa démission à Bonaparte par son secrétaire Botot.

Moulin et Gohier furent détenus prisonniers dans leurs appartemens au Luxembourg. Le premier prit la fuite durant la nuit; le second obtint le lendemain la liberté de se retirer chez lui.

Le Conseil des Cinq-Cents ouvrit la séance à midi; les députés étaient informés du décret rendu par les Anciens; mais en général dans une grande assemblée qui n'a pas eu le temps de se concerter, il ne saurait se trouver d'ensemble. La plupart d'entre eux entraient donc au Conseil sans avoir aucune opinion formée, et avait le projet de se décider d'après les renseignemens qu'ils recevraient de leurs collègues.

Après la lecture du procès-verbal la parole fut vivement réclamée. Le président fit alors lecture du message du Conseil des Anciens, qui transférait le Corps-législatif dans le château de Saint-Cloud, et malgré les réclamations, le président, en exécution de l'article CIII de la Constitution, leva la séance.

Le 19 brumaire, le Conseil des Anciens et celui des Cinq-Cents s'assemblèrent à Saint-Cloud ; le premier dans la galerie, le second dans l'orangerie.

Le Conseil des Anciens délibérait pour savoir si l'on devait envoyer un message au Directoire et au Conseil des Cinq-Cents, afin de les prévenir que le Conseil des Anciens était réuni en majorité dans la commune de Saint-Cloud, et si le peuple français devait en être instruit par une proclamation, lorsqu'on annonça l'arrivée du général Bonaparte, qui demanda la parole pour des communications importantes; il se fit sur le champ un profond silence.

Voici en partie le discours qu'il improvisa :

« Représentans du peuple, vous n'êtes pas dans
« des circonstances ordinaires, vous êtes sur un
« volcan; permettez-moi de vous parler avec la
« franchise d'un soldat, avec celle d'un citoyen
« zélé pour le bien de son pays, et suspendez, je
« vous prie, votre jugement jusqu'à ce que vous
« m'ayez entendu jusqu'à la fin.

« J'étais tranquille à Paris lorsque je reçus le
« décret du Conseil des Anciens, qui me parla de
« ses dangers, de ceux de la république; à l'instant
« j'appelai, je retrouvai mes frères d'armes, et
« nous vînmes vous donner notre appui; nos in-

« tentions furent pures, désintéressées, et pour
« prix du désintéressement que nous avons montré,
« on nous abreuve de calomnies.... Je vous le jure,
« Représentans du peuple, la patrie n'a pas de plus
« zélé défenseur que moi; mais c'est sur vous seuls
« que repose son salut; car il n'y a plus de Direc-
« toire, quatre des magistrats qui en fesaient partie
« ont donné leur démission. Les dangers sont
« pressans, le mal s'accroît ; le ministre de la
« police vient de m'avertir que dans la Vendée
« plusieurs places étaient tombées dans le pouvoir
« des chouans. Le Conseil des Anciens est investi
« d'un grand pouvoir; mais il est encore animé
« d'une plus grande sagesse ; ne consultez qu'elle et
« l'imminence des dangers; prévenez les déchire-
« mens....

« Et la constitution de l'an III, s'écria un
député, en interrompant tout à coup l'orateur.

« La Constitution, reprit Bonaparte, « vous
« convient-il de l'invoquer? Qu'est-elle à présent
« autre chose qu'une ruine?.... N'a-t-elle pas suc-
« cessivement été le jouet de tous les partis?.... Ne
« l'avez-vous pas foulée aux pieds le 18 fructidor,
« le 22 floréal, le 28 prairial? La Constitution!
« n'est-ce pas en son nom qu'on a organisé
« toutes les tyrannies depuis qu'elle existe? A qui
« désormais peut-elle offrir une garantie réelle?
« Son insuffisance n'est-elle pas attestée par les
« nombreux outrages que lui ont prodigués ceux

2*

« mêmes qui lui jurent en ce moment une fidélité
« dérisoire ?.... Je vous le répète, Représentans du
« peuple, la Constitution, trois fois violée, n'offre
« plus de garantie aux citoyens; elle ne peut entre-
« tenir l'harmonie parce qu'il n'y a plus de diapazon;
« elle ne peut pas sauver la patrie parce qu'elle n'est
« respectée de personne. Je ne vous cache pas,
« qu'en prenant le commandement, je n'ai compté
« que sur le conseil des Anciens, je n'ai point
« compté sur le conseil des Cinq-Cents qui est
« divisé; sur le conseil des Cinq-Cents, où se
« trouvent des hommes qui voudraient nous rendre
« la Convention, les comités révolutionnaires et
« les échafauds; sur le conseil des Cinq-Cents d'où
« viennent de partir des émissaires chargés d'aller
« organiser un mouvement à Paris.

« Que ces projets criminels ne vous effraient
« pas, Représentans du peuple; environné de mes
« frères d'armes, je saurai vous en préserver. Et,
« si quelque orateur payé par l'étranger parlait de
« me mettre hors la loi, j'en appellerais à tous
« mes braves compagnons, à vous braves soldats
« que j'ai tant de fois menés à la victoire; je m'en
« remettrais, mes braves amis, au courage de vous
« tous et à ma fortune.... »

Cependant le conseil des Cinq-Cents délibérait
sur l'événement de sa translation, et la majorité
avait fait décider qu'il serait procédé à un appel
nominal, pour que chaque membre prêtât le

serment de défendre la constitution, lorsque Bonaparte arriva dans la salle tête nue et sans armes, escorté de trois grenadiers sans armes. Aussitôt tout le conseil est en mouvement; des cris de hors la loi, à bas le tyran..., voilà Cromwel..., se font entendre : chacun se lève brusquement ; on se presse autour du général, on le repousse; l'un des députés, Arena, tire un poignard, et va l'en frapper; mais un grenadier pare le coup. Le général Lefèvre entra avec quelques grenadiers, et garantit Bonaparte du danger qu'il courait.

Le conseil était dans une agitation extrême. Les cris, les vociférations, l'abandon bruyant de toutes les places ne permirent d'entendre aucun son distinct. Cependant on entendit retentir dans le lointain le bruit des tambours qui battaient le pas de charge. Bientôt les portes de la salle s'ouvrent; un officier entre suivi d'une troupe nombreuse, et, dans un moment, la salle est évacuée.

Quelques heures après, un grand nombre de députés se réunissent à Lucien, leur président, dont les jours avaient aussi été menacés, et que son frère avait sauvé en lui envoyant vingt grenadiers pour protéger sa sortie de la salle, et se reconstituèrent sous de meilleurs auspices. L'assemblée déclara d'abord que les généraux et soldats avaient bien mérité de la patrie; elle prit ensuite une résolution, par laquelle elle supprima le Directoire, et établit une commission consulaire exécutive, composée de trois membres, Napoléon Bonaparte, Syeys, et Roger Ducos.

Ainsi se termina cette fameuse journée, d'où date le pouvoir absolu qu'exerça Bonaparte !...

Le 31 mars 1814, Saint-Cloud fut occupé par l'avant-garde du corps du général russe, comte Langeron, qui y vint au nombre de 6000 hommes d'infanterie, cavalerie et artillerie; Paris ayant capitulé la veille, le palais ne fut nullement endommagé.

Le 7 avril, l'état-major autrichien vint s'y installer, et y resta jusqu'au 3 juin suivant.

Le 25 du même mois, le roi de Prusse et les Princes ses fils vinrent le visiter.

Le 11 de mai, l'Empereur de Russie l'honora aussi de sa présence.

Le 16, le prince de Schwarzenberg y donna une fête très-brillante, où assistèrent les souverains alliés et un grand nombre de princes étrangers.

Il y eut spectacle dans la galerie, bal dans le salon de Mars, et grand souper dans le salon de Granit.

Le lendemain 17, l'Empereur d'Autriche visita le palais et le parc.

Le 2 juillet 1815, les Prussiens, qui avaient passé la Seine au Pecq, s'emparèrent de Saint-Cloud. Le pont ayant été coupé la veille par les Français, il s'engagea une fusillade assez vive d'une extrémité à l'autre.

Le 3, il y fut signé une suspension d'armes entre les commissaires ci-après nommés: pour la France, M. le comte de Boudy, M. le baron Bignon, M. le comte Guilleminot; pour l'Angleterre, M. le colonel Hervey; pour la Prusse, M....

Hommes illustres.

Saint-Cloud a produit plusieurs hommes illustres.

Pauchet nous parle d'un *Pierre de Saint-Cloud*, qui vivait au treizième siècle; il composa en vers français le testament d'Alexandre-le-Grand, suite d'un roman en vers qui portait le nom de ce héros, et un des premiers ouvrages de ce genre que nous connaissions.

Guillaume de Saint-Cloud vivait au quatorzième siècle : c'était un grand astronome pour son temps; on croit que c'est le premier Français qui ait fait des almanachs. Il les composa pour la reine Marie de Brabant, femme de Philippe-le-Hardi; cette princesse était dans son temps la plus grande protectrice des lettres.

Philippe-Joseph d'Orléans, premier prince du sang, né le 13 avril 1747, marié le 5 avril 1769, à Marie-Louise-Adélaïde de Bourbon, fille du duc de Penthièvre.

Maisonneuve, auteur de la Bibliothèque nouvelle de campagne (1777) vingt-quatre vol. in-12; des Lettres d'Adélaïde de Lussan au comte de Comminges in-8.º; du droit de Mainmorte aboli dans les domaines du roi, poème (1781); de Roxelane et Mustapha, tragédie (1783); Odmer et Zulma, tragédie (1788); le faux Insouciant, comédie en cinq actes et en vers (1792).

Incendie de la maison de Valincourt.

Valincourt, historiographe de Louis XIV, ami de Boileau qui lui a adressé une épître, habita long-temps Saint-Cloud.

Un jour qu'il s'occupait à quelques expériences chimiques, le feu prit avec une si grande rapidité à sa maison, qu'il fut impossible de l'éteindre.

Cet incendie fit périr les fragmens de l'histoire de Louis XIV, à laquelle il avait travaillé conjointement avec Boileau, ainsi que plusieurs autres manuscrits.

Il supporta cette perte avec la résignation d'un chrétien et d'un philosophe; « Je n'aurais guère « profité de mes livres, disait-il, si je ne savais pas « les perdre. »

CHATEAU.

L'heureuse situation de Saint-Cloud a de tout temps engagé les plus grands seigneurs et les particuliers riches à y bâtir des maisons de campagne.

Charles, père du roi Philippe de Valois, y en avait une au quatorzième siècle; après lui, sa veuve Catherine de Courtenay, qui prenait le titre d'impératrice de Constantinople, y demeura jusqu'à sa mort.

En 1405, Jean, duc de Berry et d'Auvergne, y en avait aussi une ornée de jardins et entourée de vignes.

On y voyait un hôtel de Bourbon, indépendamment de la maison seigneuriale de l'Évêque.

Mais celle de toutes les maisons de plaisance de Saint-Cloud qui est devenue la plus considérable, est celle qui, en 1572, appartenait à Jérôme Gondy, et qui était bâtie sur la hauteur. Ce seigneur, que Sauval qualifie l'un des plus riches et plus fameux financiers de son temps, l'avait fait bâtir, et pour cette raison elle était autrefois appelée simplement Gondy.

Les Huguenots remarquent que c'est dans cette maison que le massacre de la Saint-Barthélemi, de la même année 1572, avait été résolu; mais ceux qui sont bien instruits, assurent que Jérôme Gondy ne l'avait pas encore achetée. Toutefois elle lui appartenait lorsque l'assassinat de Henri III y fut commis le 1.er août 1589.

Après le décès de Gondy, elle fut possédée par quatre évêques de Paris consécutifs de la même famille de Gondy, sans être cependant leur vraie maison seigneuriale, laquelle était plus proche de l'église. L'auteur du supplément de Du Breul écrivait, en 1639, que « c'était un beau logis; que « le jardin était d'une grande étendue et estimé « pour les belles grottes qui s'y voyaient, et pour « les fontaines dont l'eau fait jouer, dit-il, plu- « sieurs instruments : qu'en outre il y avait quan- « tités de statues de marbre et de pierre, des « parterres, compartimens, bordures, carreaux, « allées couvertes et un bois très-frais en été. »

Le 8 octobre 1658, Louis XIV acheta cette maison de Gondy et celle d'un nommé Hervard, contrôleur général des finances, pour Philippe d'Orléans, son frère unique (1), qui par des

―――――――――――――――――――

(1) Il y a plusieurs versions sur l'acquisition de Saint-Cloud. Voici comme elle est rapportée dans les Éphémérides, Tom. I, pag. 159 :

changemens et des augmentations, et par le secours des artistes qu'il y employa, en fit le magnifique château que l'on voit aujourd'hui, dont le lieu le plus élevé est appelé dans les anciens titres *Mons restauratus*, Mont restauré; d'où par corruption on a fait Montre-tout, parce qu'effectivement on a de ce lieu la plus belle vue possible.

Cette restauration exécutée, selon les uns, par Lepautre, architecte du duc d'Orléans, selon les autres par Girard et Jules-Ardouin Mansard, peut-être, et plus vraisemblablement, par le premier sur les dessins des deux derniers, fut si considérable, qu'on aurait peine aujourd'hui à distinguer ce qui appartient à l'ancien édifice.

La Reine Marie-Antoinette l'acquit en 1782, et l'augmenta de logemens pour habiter avec le roi; elle y fit trois voyages en 1785, 1786, 1787.

« L'an 1669, le 14 février, Monsieur, frère unique de Louis XIV, ayant acquis le terrain de trois maisons particulières de Saint-Cloud, appartenant au sieur Hervard, contrôleur général des finances, au sieur Fouquet, intendant, et au sieur Monnerot, commença à y faire construire le château et planter les jardins que l'on y voit aujourd'hui. »

Toutefois, il est constant que ces maisons furent achetées des deniers de Louis XIV, et que le duc d'Orléans les réunit et en forma le château de Saint-Cloud.

Les intérieurs, plus vastes que commodes, distribués du temps de Mansard, subirent d'heureux changemens.

On conserva et on regratta entièrement la principale façade qui est du dessin de Girard ainsi que les pavillons.

Celui de droite fut totalement changé dans son intérieur, on l'éleva de quelques pieds, on y bâtit un second étage divisé en deux corridors, l'un pour le service du roi, l'autre pour celui de la reine; en 1801, ces deux corridors ont été réduits en un seul.

Le plafond de ce pavillon était avant ces changemens, orné des cinq actes d'Armide, peints par Pierre.

Du côté de l'orangerie, la façade fut refaite à neuf et avancée de plusieurs toises.

L'escalier d'honneur construit d'abord dans l'aile du midi, où il occupait sans agrément un emplacement en fort belle vue, fut reporté dans la partie des bâtimens du centre qui tire son jour d'en haut; et la chapelle qu'on déplaça pour cela, forme plus convenablement un corps séparé à l'extrémité de la galerie.

Cette chapelle a 15 mètres 60 centimètres (48 pieds) de long, sur 8 mètres 45 centimètres (26 pieds) de large, et peut contenir 150 personnes. Elle est d'ordre ionique à pilastres supportés par un soubassement d'ordre dorique dont la partie qui fait face à l'autel, en saillie, est soutenue par deux colonnes et forme tribune. Entre les pilastres se trouvent des arcades, celles du haut sont décorées de balcons en saillie avec balustres, et sont percées de 8 porte-croisées qui donnent à droite sur Montre-tout, à gauche sur la galerie.

Dans la tribune l'arcade du milieu est percée d'une porte qui donne dans le salon de Diane.

Les archivoltes des arcades du haut sont ornées de groupes d'anges sculptés par Deschamps.

Devant l'autel, est un bas relief en pierre, de 6 pieds de hauteur sur 5 pieds de largeur, représentant la Vierge, l'Enfant Jésus, Saint-Siméon et Sainte-Anne, du même artiste.

Au-dessus du dernier ordre d'architecture, le plafond en roussure est peint en grisaille, par Sauvage; il est composé d'un grand milieu, sur lequel est peint un ciel encadré de douze compartimens distribués au-dessus des pilastres; les quatre placés aux angles représentent les quatre Évangelistes; les quatre du milieu représentent, 1.º la Vérité; 2.º la Force; 3.º la Justice; 4.º la Charité. Les quatre autres sont, 1.º le Flambeau à sept branches; 2.º les Ornemens pontificaux; 3.º les Tables de la Loi; 4.º l'Arche-Sainte.

Assiette du Château.

L'Assiette est à mi-côte et au détour sinueux

d'une colline qui domine plus ou moins le bâtiment de trois côtes, au nord, au sud et à l'ouest.

Mais au levant, les regards se promènent sans obstacles, dans un espace immense au-dessus de Paris et des plaines voisines.

Description.

Le tout ensemble, sur un plan d'environ 950 toises de superficie, se compose d'un corps principal de 46 mètres 77 centimètres de façade (144 pieds), sur 23 mètres 38 centimètres d'élévation (72 pieds), triple en quelque sorte, dont les pièces du centre reçoivent le jour seulement d'en haut, et de deux corps en retour de 39 mètres 50 centimètres (122 pieds) de longueur, sur 19 mètres 75 centimètres (61 pieds) de largeur; l'un simple, l'autre double, mais tous deux terminés par des pavillons d'égale profondeur.

L'aile droite a un étage et un comble en mansardes.

L'aile gauche n'a qu'un étage au-dessus du soubassement qui leur est commun avec l'ordre du corps principal.

Ce dernier a de plus un étage attique et un comble en mansardes.

Sculptures.

Au fronton de la principale façade on aperçoit le Temps, qui découvre un cadran entouré d'enfans représentant les quatre parties du jour.

Sur la corniche, portée par quatre colonnes de l'ordre corinthien, sont quatre statues représentant :

La Force, la Prudence, la Richesse, la Guerre.

Au-dessus des onze croisées du premier étage se trouvent onze médaillons représentant en bas-reliefs les douze mois de l'année ; dans celui du milieu sont compris août et septembre.

A l'aile droite, dans le fronton de la façade, on voit Cibèle, déesse de la terre ;

Et dans des niches, quatre figures ; savoir :

L'Éloquence, la Musique, la Bonne Chère, la Jeunesse.

A l'aile gauche, dans le fronton qui fait face à celui de l'aile droite :

Bellone, déesse de la guerre ;

Et dans quatre niches :

La Comédie, *sous les traits de Momus.*

La Danse, *sous ceux d'une Bacchante.*

La Paix.

La Richesse.

Les statues sont de Denizot, les frontons de Dupont.

PARC ET JARDINS.

Les jardins de Saint-Cloud, justement célèbres, sont de tous les ouvrages de Lenôtre celui qui présentait le plus de difficultés.

Ce n'est pas, comme à Versailles, cette symétrie, ce balancement, cette progression de masses qui fait que l'imagination et la vue sont tout-à-coup frappées du vaste ensemble; il n'y avait rien à attendre de semblable du parc montueux de Saint-Cloud.

Parc particulier.

Dans les jardins du haut, qui sont entourés de pâlis, le terrain, à partir du château, s'élève de tous les côtés, et cette disposition concentrique était très-défavorable. Le mouvement des terrasses et la distribution des eaux abondantes sur ces hauteurs, étaient les seuls moyens qui restassent à l'art de Lenôtre. On ne pouvait en user plus heureusement.

Ces jardins sont ornés de statues et de vases dont suit la liste.

Parterre de l'Orangerie.

Quatre gaînes représentant les quatre saisons.

Côté de droite.

Antinoüs, par Bonazza.
Diane (1), par Coyzevoy (1710).
Deux vases, marbre blanc, panses à cannelures, anses et têtes de Satyres.
Bacchus, par Susini.
Cérès.

Côté de gauche.

Melpomène, par Couston, fils (1709).
Hygée.
Deux vases ornés de bas reliefs, représentant l'un le Triomphe de Thétis, l'autre celui d'Amphitrite.
Junon.
Le Discobole.

Bassin des Trois-Bouillons.

L'Amour courbant un arc, d'après Bouchardon.
La Santé.

---

(1) L'artiste a représenté Marie-Adélaïde de Savoie sous la figure de Diane.

(42)

L'Amour et Psyché, par Francisco Laurani.
La Maladie.
Le Rhône.

Tapis des Trois-Bouillons.
Un Faune endormi.

Salle de Verdure, en face du grand Tapis-Vert.
Méléagre, par Couston.

Grand Tapis-Vert.
Un Centaure, par Dellaville.

Près le bassin Saint-Jean.
Iris.

Petite salle de Verdure.
Hyppomène et Attalante.

Près les Goulottes.
Le Gladiateur blessé.

Au haut des Goulottes.
Le Cimbalier.
Vénus aux Belles-Fesses.

Grotte en face le salon de Mars.
L'Amour jouant avec un Faune.

Bassin du Fer à Cheval.
Flore.
Un Enlèvement.

Le Rémouleur.
Apollon terrassant le serpent Pithon.
Bellone.

La Félicité.

La partie du parc particulier qui se trouve sur la gauche du bassin des Vingt-quatre Jets, est distribuée en jardins anglais, et se nomme la Félicité.

La Reine y avait fait bâtir un pavillon très-élégant qui a été détruit pendant la révolution.

Parc public.

Pour les jardins du bas parc, le dessinateur se trouvait resserré dans un espace étroit de 100 à 125 toises au plus, entre le coteau assez escarpé et la Seine ; ligne tortueuse qu'on ne pouvait redresser et dont il aurait été dommage de s'écarter.

C'est dans la distribution de cet espace ingrat, que Lenôtre a fait preuve du plus grand talent.

On entre dans cette portion du parc par deux grilles en fer.

L'une a été faite en 1810, et donne sur la place.

L'autre, près de laquelle on voit un restaurant, donne sur l'avenue du château.

Vient ensuite une double allée.

A droite, est un rang de boutiques construites sur un plan régulier en 1807.

A gauche, se trouve le chemin qui conduit de Saint-Cloud à Sèvres; et plus loin, la Seine qui forme en cet endroit un vaste canal.

A cette double allée succèdent :

A droite, un pavillon servant de café, bâti par privilége de la reine.

A gauche, une fort belle masse de marroniers.

Plus loin, deux salles de verdure en tilleul (forme de carrés longs), font, de chaque côté, un effet très-agréable.

Après celles-ci, on voit :

A droite, deux quinconces, au milieu desquels se trouve la grande cascade.

A gauche, deux pelouses basses ornées de jets d'eau.

Le terrain qui, à partir de ce point s'étend jusqu'à Sèvres, est coupé, sur différens sens, par de longues allées d'ormes et de marroniers.

Lanterne de Démosthènes.

Au-dessus du pavillon Breteuil, vers le milieu d'une allée en avenue devant l'un des péristyles de l'aile droite, Lenôtre avait laissé à découvert un plateau dont la vue est plus belle et plus riche que d'aucune autre partie du parc.

On a élevé, en 1801, sur ce plateau, une tour

carrée, surmontée d'un modèle en terre cuite du joli monument d'Athènes, connu sous le nom de *Lanterne de Démosthène*.

Ce monument antique, de marbre blanc, et du siècle d'Alexandre-le-Grand, l'un des plus curieux et des mieux conservés de tous ceux que l'on voit à Athènes, a été exécuté ici en terre cuite dans les mêmes dimensions de l'original, à la manufacture de poêlerie de messieurs Trabutchi frères.

Tous les détails de la sculpture ont été fidèlement copiés d'après les plâtres moulés à Athènes, par Fauvel, peintre antiquaire, correspondant de l'Institut, sur la recommandation et aux frais de M. Choiseuil Gouffier, amateur éclairé des arts, alors ambassadeur de France à Constantinople.

On n'a fait ici d'autre changement à ce modèle que d'isoler les colonnes, en supprimant la cloison de marbre, dans laquelle on les voit engagées à Athènes.

Ce monument fut érigé exprès pour placer et consacrer à son sommet le trépied de bronze, que la tribu Acamantide d'Athènes venait de remporter pour prix du concours des chœurs, qui eut lieu dans les fêtes de Bacchus, l'an 335 avant l'ère vulgaire.

Lysicrates, riche particulier, qui avait fait la dépense du chœur de sa tribu, fit aussi celle de l'érection du monument en marbre; ce que nous apprend l'inscription grecque gravée sur l'architrave.

L'exécution de ce modèle a été dirigée par messieurs Legrand et Molinos.

Ce modèle a été exposé en l'an XII.

Voici le jugement qu'en a porté le jury :

« Le jury regarde ce travail comme un chef-
« d'œuvre ; il a fallu un art infini dans la conduite
« des diverses pièces, depuis l'état d'argile molle
« jusqu'à celui de terre cuite, pour conserver aux
« ornemens toute leur délicatesse, et pour obtenir
« des tronçons de colonnes dont les cannelures
« s'ajustent avec exactitude.

« Le jury décerne aux frères Trabutchi une mé-
« daille d'argent. »

Ce belvédère, qui fait lui-même point de vue pour le château, et qui, au milieu de la verdure des arbres, s'aperçoit de fort loin dans la plaine, est un des plus beaux ornemens de Saint-Cloud.

Jardin Fleuriste.

Le Jardin fleuriste est situé à l'extrémité du parc public qui avoisine Sèvres.

Il a à peu près 7 arpens d'étendue.

On y voit une fort belle serre. (*Voy.* p. 57.)

CASCADES ET JETS D'EAU.

Les cascades sont un des plus beaux ornemens qui embellissent les jardins.

L'aimable poëte à qui nous devons tant de peintures si vraies et si vives des beautés de la nature, avait sans doute en vue la cascade de Saint-Cloud dans la description suivante du poëme des jardins.

« La cascade d'ailleurs a plus d'un caractère.
« Il faut choisir ; tantôt d'un cours tumultueux,
« L'eau se précipitant dans son lit tortueux
« Court, tombe et rejaillit, retombe, écume et gronde ;
« Tantôt avec lenteur développant son onde,
« Sans colère, sans bruit un ruisseau doux et pur
« S'épanche, se déploie en un voile d'azur.
« L'œil aime à contempler ces frais amphithéâtres
« Et l'or du feu du jour sur les nappes bleuâtres,
« Et le noir des rochers, et le verd des roseaux,
« Et l'éclat argenté de l'écume des eaux (1). »

Les cascades de Saint-Cloud sont partagées en deux parties.

Haute Cascade.

La haute cascade qui est du dessin de Lepautre,

---

(1) Poëme des Jardins, chant III.ᵉ

a 35 mètres 7 centimètres (108 pieds) de face sur autant de pente, jusqu'à l'allée du Tillet qui y forme un large repos et la sépare de la basse cascade.

Cette première cascade est décorée d'un grouppe de pierre, sculpté par Adam l'aîné, et représentant la Seine et la Marne.

Les nappes d'eau que produisent ces deux figures se réunissent en tombant dans une grande coquille.

L'élévation, la chûte et les nappes d'eau de cette cascade ne donnent pas moins de plaisir que de surprise.

Leur premier effet forme une grosse gerbe à vingt jets de 2 mètres (6 pieds) de hauteur, et les eaux qui en tombent descendent par neuf différentes nappes de 4 mètres, (12 pieds) de large, posées sur autant de gradins accompagnés d'urnes soutenues par un corps d'architecture, dont les faces sont ornées de tables de rocailles.

La première rampe de cette cascade en a deux autres à 6 mètres 49 centimètres, (19 pieds et demi) de distance, composées de 14 pilastres; elles sont terminées par vingt-huit bassins jaspés taillés en chandeliers, distribués en quatre rangs, et disposés par degrés sur les bords de ces deux rampes. Ces bassins de forme ronde ont 1 mètre 29 centimètres, (4 pieds 3 pouces); les bouillons qui s'élèvent au milieu ont 1 mètre 94 centimètres, (5 pieds 11 pouces).

Basse Cascade.

La partie basse de la cascade, construite sur les dessins de Jules-Hardouin Mansard, est élevée en fer à cheval et comporte avec son canal 87 mètres 69 centim. de longueur (270 pieds) sur 31 mètr. 18 centimètres (96 pieds) dans sa plus grande largeur.

Trois buffets d'eau tombent dans un bassin circulaire. L'eau retombe en faisant nappe dans un second, puis dans un troisième plus enfoncé que les deux autres.

Dans les intervalles sont des dauphins et des grenouilles qui jettent une grande abondance d'eau.

Toutes ces eaux réunies se précipitent avec violence par une dernière nappe dans le canal où se rendent les deux cascades qui, lui même, est orné de 14 jets.

Consommation des Cascades.

Les cascades consomment dans l'espace d'une heure 3700 muids d'eau.

Elles peuvent jouer tous les quinze jours pendant trois heures de suite, et quatre en laissant vuider les bassins.

Grand Jet.

Sur la droite de ces cascades est le grand jet connu sous le nom de Géant.

Nous en trouvons une description charmante dans Delile.

« Tel j'ai vu de Saint-Cloud le bocage enchanteur :
« L'œil, de son jet hardi, mesure la hauteur ;
« Aux eaux qui sur les eaux retombent et bondissent,
« Les bassins, les bosquets, les grottes applaudissent,
« Le gazon est plus verd, l'air plus frais ; des oiseaux
« Le chant s'anime au bruit de la chûte des eaux ;
« Et les bois inclinant leurs têtes arrosées,
« Semblent s'épanouir à ces tendres rosées (1). »

Hauteur, Force, Consommation du Grand Jet.

Il va à 125 pieds de haut, peut porter un poids de 130 livres, et consomme 600 muids d'eau par heure.

Il tombe dans un bassin carré de près d'un arpent.

D'où proviennent les Eaux.

La plus grande partie des eaux qui alimentent les cascades et jets d'eau du parc, vient des étangs de la Marche, passe ensuite dans les étangs et rivières du parc du duc de Dalmatie à Villeneuve, et arrive enfin au bassin de la grande Gerbe qui sert à alimenter tous les bassins qui sont au-dessous.

---

(1) Les Jardins, chant III.ᵉ.

Grand Réservoir.

Les étangs de Ville-d'Avray alimentent le grand Réservoir qui fournit :

    1.° Au chateau.
    2.° Au pavillon Breteuil.
    3.° Au jardin fleuriste.
    4.° A la caserne de Sèvres.

Le grand Réservoir sert aussi à faire jouer la grande Gerbe quand il est nécessaire.

DÉPENDANCES
DU CHATEAU DE SAINT-CLOUD.

Orangerie.

C'est un bâtiment adjacent au centre du château, ayant vue d'un côté sur le jardin, en face de la grande allée des Marroniers, de l'autre sur un chemin en pente

Il est régulier et a été construit par le duc d'Orléans. Il a un rez de chaussée, où est l'orangerie, qui peut contenir 250 pieds d'orangers, tant grands que petits, et un étage qui contient huit logemens de troisième classe.

Ce bâtiment servait autrefois de jeu de paume.

Salle de spectacle.

Ce bâtiment attenant à l'orangerie, qui lui sert de chemin couvert, fut construit en l'an x, par M. Fontaine. Avant qu'il fût bâti, la salle de spectacle était placée où se trouve maintenant le chemin en pente, qui mène à la grille de la Carrière.

La salle contient cinq cents personnes, et tire ses décorations de Paris et Versailles.

Pavillon d'Artois.

Ce pavillon a été construit sous Monseigneur le duc d'Orléans. Il a été restauré dans l'an x, (1801).

L'architecture en est régulière. Il est bâti sur un terrain en pente douce dans la première cour et présente dans chaque étage onze croisées de front, qui ont vue sur Paris, Vanvres, Issy et Meudon. Le derrière donne sur la cour des cuisines, et l'allée des Soupirs.

Il a un rez de chaussée, où se trouvent les cuisines, un entresol, un premier étage et un comble en mansardes.

Il est joint au palais par un corridor très-utile pour le service des bouches.

Ce pavillon était, du temps de la reine, occupé par Monseigneur le comte d'Artois.

Écuries hautes.

Elles se composent d'un seul corps de bâtiment d'un seul étage, construit sur un terrain en pente dans l'alignement de l'avenue qui conduit au pont.

L'entrée principale est par une grille à droite, avant d'entrer dans l'avant-cour.

La cour de ces écuries sert de passage pour l'allée des Soupirs et le salon de Mars.

Écuries basses.

Elles se composent de trois corps de bâtimens.

Le premier, bâti sur le même plan que le précédent, lui fait face.

Le second (bâtiment des Stalles) est isolé; il contient une écurie en stalles et un étage au-dessus.

Le troisième contient plusieurs remises.

L'entrée principale de ces écuries est à gauche, avant d'entrer dans l'avant-cour, par un chemin en pente douce.

Manége.

Ce bâtiment fut construit en l'an xi, par M. Fontaine.

Il se trouve près des écuries basses : il a été construit pour sa destination.

Maison serpe.

Ce bâtiment irrégulier est composé de divers corps de logis destinés au service des écuries.

Il fut vendu comme national, et racheté par le domaine de la couronne en l'an x.

Il est dans le plus mauvais état possible : on n'y fait plus de réparation.

Il y existe un corps de garde pour la cavalerie.

Deuxième pavillon de l'allée des Soupirs.

Ces deux pavillons sont séparés par un chemin.

Le plus grand a un petit jardin dans lequel se trouve un berceau d'un beau couvert.

Le plus petit est situé près de la grille qui conduit au Grand-Commun.

Bâtis sous M. le duc d'Orléans : ils ont été restaurés en l'an x.

Grand-Commun.

Ce commun est composé de quatre bâtimens irréguliers qui, à l'exception du bâtiment neuf, formaient, avant la révolution, le couvent des Urselines.

L'acquisition en fut faite par le domaine de la couronne en l'an XII.

Le bâtiment neuf a été construit par le sieur Fallot, propriétaire : il est isolé et contient le Garde Meuble, et dix-sept communs pour soixante-quinze hommes.

A ce commun est joint un jardin qui, situé sur une côte rapide, a plusieurs terrasses en forme de gradins.

Pavillon de Montre-tout.

Ce petit bâtiment servait autrefois à la laiterie de la reine : il fut vendu comme national à

M. Chiappe, et racheté par le domaine de la couronne en 1806.

Il est situé à l'extrémité du jardin du Grand-Commun, sur le côteau nommé *Montre-tout*, à cause de la belle vue qu'on y découvre.

Il y a un petit potager dans lequel se trouve une salle à manger isolée.

Pavillon Breteuil.

Ce pavillon a été construit par le baron de Breteuil, dont il porte le nom, il a été remis à neuf en 1807. C'est un bâtiment régulier dont les extrémités forment deux petits pavillons de forme ronde, et n'ont qu'un rez de chaussée, et dont le centre a un premier étage en forme de belvédère qui ne contient que trois croisées sur chaque face.

Il est situé à mi-côte, au bout d'une longue avenue de marroniers, ayant onze croisées sur une terrasse, d'où l'on découvre une vue superbe, et autant sur un chemin qui conduit à Sèvres.

Ce pavillon fut totalement pillé par les Prussiens dans les premiers jours de juillet 1815 : ses dépendances consistent, 1.° en un petit corps de logis composé d'un rez de chaussée, où sont les offices à cuisine, et d'un étage au-dessus; 2.° en un petit pavillon, qui peut servir de logement à une personne de la suite; en deux petits bâtimens servant d'écuries et de remises.

Bâtimens du fleuriste.

Ces bâtimens, au nombre de trois, sont irréguliers : ils furent construits pour le logement du jardinier-fleuriste, vendus pendant la révolution comme nationaux, et rachetés en l'an XI.

Ils sont habités par l'administrateur des parcs et jardins.

Bureaux des bâtimens.

Plusieurs petits bâtimens irréguliers, la plupart construits par privilége, sous Monseigneur le duc d'Orléans, et parmi lesquels s'en trouve un fait en 1812, composent les bureaux des bâtimens.

Ils contiennent un logement pour l'architecte et un pour le garde magasin.

Ils sont situés à gauche en montant l'avenue ; on y entre par un petit jardin.

Pavillon du jardinier.

Ce pavillon est contigu aux bureaux des bâtimens : il sert de logement au chef jardinier.

En face est un chantier, et plus loin un potager.

Grille de Saint-Cloud.

Près de cette grille est un petit pavillon bâti pour un portier. En face sont plusieurs corps de logis, construits ou restaurés par le sieur Legriel, qui servent de restaurant.

Grille de Sèvres.

Près de cette grille est un petit pavillon servant de logement à un portier

Grille du pavillon Breteuil.

Près de cette grille, est un corps de bâtiment attenant au jardin fleuriste : il fut construit en 1786, lors de l'ouverture du chemin qui y conduit; il fut vendu comme national et racheté en l'an xi.

Il sert de logement à un portier et à un chef jardinier.

Maison Brancas.

Cette maison, située sur la route de Sèvres qui mène à Versailles, est divisée en plusieurs corps de bâtimens.

Elle appartenait avant la révolution à M. de Brancas; elle fut occupée depuis par M. Séguin, fournisseur. Le domaine national l'a repris le 24 mars 1809, et elle rentra au domaine de la couronne le 31 juillet de la même année.

Elle n'est habitée que par quelques surveillans; elle n'est pas meublée et a besoin de très-grandes réparations.

Au milieu du jardin, formant terrasse, se trouve un bâtiment destiné à des écuries. On voit aussi dans le parc plusieurs petits pavillons servant de serre, vacherie, etc; un souterrain et un réservoir qui, tous, sont en très-mauvais état.

On ne peut désigner les appartemens, aucune distribution n'étant faite.

Il y a écurie pour vingt-cinq chevaux et remises pour six voitures.

Maison Barthélemy.

C'est une très-petite et ancienne maison qui servait autrefois de porte; elle a aussi porté le nom de maison des Treillageurs.

Elle est située près de la Lanterne de Démosthènes, et sert de logement pour un garde-chasse.

Grille de Ville-d'Avray.

Près de cette grille est un petit corps de bâtiment servant au logement du portier.

Porte de Marne.

Un petit corps de bâtiment, adjacent à cette porte, sert de logement à un garde-chasse.

Porte de Villeneuve.

Près de cette porte sont deux petits bâtimens

attenant l'un à l'autre, et servant de logement pour un jardinier et un garde-chasse.

Il y a écurie pour huit chevaux.

Porte Jaune.

Près de cette porte sont trois petits bâtimens, qui servaient autrefois de chenils, et qui ont été restaurés en l'an XI.

Glacière.

Cette glacière est placée dans la futaie du parc, près de la grille dite *de la Carrière*; elle a été recouverte à neuf, et entourée de pâlis dans l'an 1810.

Elle tient bien la glace, et suffit pour le château quand elle est pleine.

Grille de la Carrière.

Près de cette grille est un petit corps de garde qui peut contenir de huit à douze hommes.

Après avoir donné la description de tout ce qui a rapport au château de Saint-Cloud et à ses dépendances, quant à l'extérieur, entrons dans les différens appartemens : donnons-en la division, les notions générales ; décrivons les peintures qui ornent les plafonds ; décrivons aussi les tentures, les meubles, les tapis, les lustres, les pendules, et tous les objets d'arts.

INTÉRIEUR DU CHATEAU.

Division. Les appartemens du château de Saint-Cloud se divisent en neuf appartemens d'honneur dans le château, parmi lesquels sont deux petits appartemens, et en deux autres appartemens d'honneur dans les dépendances.

Appartemens d'honneur dans le château.

1.° Grands appartemens.
2.° Appartement sur la cour d'honneur.
3.° Appartement sur le Fer à cheval.
4.° Appartement sur l'Orangerie.
5.° 2.° Appartement du rez de chaussée.
6.°-7.° Deux appartemens de princes.

Petits appartemens.

8.° Petit appartement sur l'Orangerie.
9.° 1.er Appartement du rez de chaussée.

Appartemens d'honneur dans les dépendances.

1.° Pavillon d'Artois.—Appartement au premier étage.

2.° Pavillon Breteuil.—Appartement au rez de chaussée.

GRANDS APPARTEMENS.

Notions générales. Ces appartemens sont, et ont toujours été, les appartemens d'apparat. Ils sont situés, la galerie et le salon de Diane, dans l'aile gauche; les salons de Mars, de Louis XVI, des Princes, le grand salon Cramoisi, dans le centre.

On y entre, 1.º de plein pied par le péristyle du salon de Mars; 2.º par l'escalier de marbre; 3.º par l'escalier de la Reine.

Vestibule.

Ce vestibule est au centre du palais. A droite, est l'escalier de marbre qui conduit aux appartemens. A gauche, le grand escalier de pierre qui conduit aux différens corridors.

Objets d'art. 1.º Deux groupes en bronze : l'un, l'enlèvement de Proserpine; l'autre, celui d'Orithie, estimés 8,000 fr.;

2.º Une figure égyptienne antique en balsate, estimée 12,000 fr.;

3.º Deux coupes en porphyre, 18,000 fr.

Salon de Mars.

Ce grand salon est orné de seize pilastres et

de quatre colonnes ioniques de marbre, d'une seule pièce.

Les peintures de Mignard sont regardées comme un des plus beaux ouvrages de son pinceau.

On voit d'un côté les forges de Vulcain. Ce dieu est accompagné de Pan, de Bacchantes et de Faunes ; de l'autre, Mars et Vénus entourés des Amours et des Graces.

Le plafond représente l'Assemblée des Dieux appelés par Vulcain pour être témoins de son déshonneur.

Les sujets des dessus de porte sont :

1.º La Jalousie et la Discorde ;

2.º Les plaisirs des jardins.

Aux quatre coins du plafond se trouve la devise du duc d'Orléans. Ce prince, héritier d'une partie des belles qualités de Henri IV, s'était distingué à la guerre, particulièrement dans la campagne de 1677 ; il avait pris pour devise une bombe au moment de son explosion, avec cette inscription noble et délicate : *Alter post fulmine terror.*

Galerie d'Apollon.

Le salon de Mars communique à la galerie d'Apollon par une grande porte en plate bande.

Les peintures qui ornent cette galerie sont les chefs-d'œuvres de Mignard.

Le tableau placé au-dessus de la porte représente Latone indignée, qui demande vengeance à Jupiter de l'insulte des paysans de Lybie.

Le plafond est comparti en neuf morceaux.

Dans le plus grand, on voit Apollon ou le soleil sortant de son palais, accompagné des heures du jour au-dessous des zéphirs qui versent la rosée; l'Aurore dans son char, devant lequel un Amour répand des fleurs, et devant elle le Point du jour chassant la nuit et les constellations.

Les saisons accompagnent ce grand morceau.

Le printemps est représenté par l'hymen de Flore et de Zéphire.

L'été, par les fêtes de Cérès. Le sacrificateur est sur le point d'égorger la victime.

L'automne, par les fêtes de Bacchus. Ariane et ce dieu sont sur un char tiré par des panthères.

L'hiver enfin, par Borée et ses fils. Les Pléiades se fondent en eau. Cibèle implore le soleil. Le fond est une mer agitée dont les rives sont couvertes de glace.

Il y a encore quatre petits tableaux dans la voûte :

1.º Chimène offrant son fils Phaéton à Apollon;

2.º Circé à qui un amour présente des herbes enchantées;

3.º L'audacieux Icare tombant du haut des airs;

4.º Apollon montrant à la Vertu un trône brillant qu'il lui destine.

Au bout de la galerie Mignard a peint le Parnasse; un rossignol, des cygnes, sont l'emblème des musiciens et des poètes.

Les fenêtres sont couronnées par des tableaux de fruits et de fleurs, peints par Fontenay.

Huit bas-reliefs en camayeux ornent encore cette galerie : ils représentent Apollon et la Sibylle, Apollon et Esculape, le jugement de Midas, le supplice de Marsias, la métamorphose de Coronis, Daphné changée en lauriers, Cyparisse en cyprès, Clytie en tournesol.

Objets d'art. Deux vases, porcelaine de Sèvres, forme d'œufs, diamètre 0,59, hauteur 1,65; prix 24,000 fr. chaque.

Un grand vase forme Médicis, porcelaine de Sèvres, fond bleu, diamètre 0,90, hauteur 1,50; prix 60,000 fr.

Six vases, porcelaine de Céladon.

Plusieurs bustes et statues parmi lesquels le Nil de 20,000 fr.

Salon de Diane.

Le milieu du plafond représente la Nuit.

Les quatre autres tableaux représentent :

La Chasse, le Bain, le Sommeil et la Toilette de Diane.

La tenture est en tapisserie des Gobelins, en trois pièces, et représente l'enlèvement d'Hélène, et autres sujets; 13,11 de cours sur 3,80 de hauteur, du prix de 9000 fr.

Le meuble est couvert en panne cramoisie.

Le tapis est d'Aubusson, du prix de 6065 fr.

Les lustres en cristal de Bohême, 300 fr.

OBJETS REMARQUABLES. Un coffre à bijoux en laque dans lequel ont été volés les diamans de la Couronne, à la révolution, 6000 fr.

Un buste d'empereur Romain en marbre blanc, 3500 fr.

Ce salon a été meublé en l'an x, (1801).

Salon de Louis XVI.

Le plafond est peint en grisaille, par Munich; le milieu représente la Vérité, de Prud'homme.

Tenture en damas cramoisi, de la manufacture de Lyon, du prix de 56,152 fr.

Deux lustres venant de Bohême, à douze lumières, de 800 fr. chaque.

Une pendule en bronze, forme de médaillon, de Lepaute, 800 fr.

Ce salon a été meublé en l'an x, (1801).

Salon des Princes.

Le plafond est peint en grisaille, par Munich, au milieu sont huit amours formant la rosace.

Tenture, gros de Tours, fond blanc broché,

dessins à bouquets, et plumes de paon, des manufactures de Lyon, du prix de 6205 fr.

Le meuble est composé de vingt-quatre plians couverts en moire, sur lesquels sont peints différens sujets, par Pérot.

Tapis de la Savonnerie, dessin arabesque, du prix de 11,750 fr.

Un lustre en cristal de Bohême, à vingt lumières, 6000 fr.

Une pendule à équation et cadran universel de Robin, 10,000 fr.

OBJETS D'ART. Deux colonnes rostrales, marbre jaune antique, 3000 fr. chaque.

Un vase, porcelaine de Sèvres, forme antique, fond chocolat, 2,500 fr.

Un vase, forme d'urne, en porphyre, 1500 fr.

Un vase en cuivre bronzé, 600 fr.

Un vase en marbre blanc, 1200 fr.

Ce salon est tel qu'il était du temps de la reine.

Grand salon Cramoisi.

Le plafond peint en grisaille par Munich : le milieu représente l'aurore de J. Ducq.

Tenture, elle est en huit parties de 3,76 de hauteur, sur 25,20 de cours, en velours chiné, fond cramoisi et pourpre, provenant des manufactures de Lyon; elle est (les cantonnières, portières, etc. compris) du prix de 92,383 fr.

Le meuble est pareil à la tenture.

Deux lustres en cristal fin, façon Mont-Cenis, à trente lumières de 10,000 fr. chaque.

Une pendule, la mort de Lucrèce, de Lepaute, 3000 fr.

Quatre grands candelâbres en bronze, ciselés et dorés, 30,840 fr.

Deux vases en porcelaine de Sèvres, fond bleu, 5,900 fr.; Deux vases, *idem.*, têtes de boucs, 4,500 fr.; Deux vases, *idem.*, fond lie de vin, 1,500 fr.

Ce salon a été meublé à neuf en 1812.

Salle des Huissiers.

Tenture $\frac{15}{16}$, bleue en onze pièces dont trois plissées, 168 fr.

Une pendule, régulateur, à équation de Lepaute, 1000 fr.

Un groupe de trois femmes en bronze, portant un enlèvement, 10,000 fr.

Deux vases en granit, forme antique, de 1000 fr. chaque.

APPARTEMENT SUR LA COUR D'HONNEUR.

Aile droite.

NOTIONS GÉNÉRALES. Cet appartement était autrefois celui de la reine; il est situé au premier étage.

(69)

Il a onze croisées sur la Cour d'honneur; on y parvient, 1.° par les grands appartements avec lesquels ils sont de plein pied; 2.° par l'escalier de la reine; 3.° par les appartemens sur l'Orangerie.

Salle de Billard.

Le papier de cette pièce est fond vert de mer, avec bordure feuille de vigne.

Le meuble est en bois de hêtre, couvert en tissu de crin.

Le billard est d'acajou massif de prix de 2065 fr.

Cette salle a été refaite à neuf en mai 1814.

Premier Salon.

La tenture est en quatre pièces de gourgouran jaune, 1142 fr.

Le meuble est en bois de hêtre couvert de tapisserie de Beauvais.

Le tapis en moquette fond brun, 976 fr.

Le lustre en cristal de Bohême, à douze lumières, 1000 fr.

Objets d'art. Deux consoles avec marbre d'Échantillon, les deux, 11,000 fr.

Deux vases porphyre rouge, forme Médicis, les deux, 6000 fr.

Deux vases, porcelaine Céladon, 12,000 fr.

Deux vases, porcelaine du Japon, 1000 fr.

Une figure bronze, (Marc Aurèle), 1200 fr.

Deux vases en lave, forme antique, 250 f. chaque.

Deuxième Salon.

La tenture est en $\frac{15}{16}$, et taffetas abricot, 1500 fr.

Le meuble est couvert en cannetilé amaranthe, orné de crête blanche.

Le tapis est en moquette fond vert, 1102 fr.

Le lustre est en cristal de roche, à seize lumières, 20,000 fr.

La pendule à $\frac{1}{2}$ seconde et à quantième, est de Lepaute, 2,500 fr.

OBJETS D'ART. Une aiguière, cristal de roche, 20,000 fr.

Deux coupes cristal de roche, 6000 fr.

Deux coupes rondes et concaves porphyre vert, 2,500 fr.

Plusieurs vases, manufacture de Sèvres.

Chambre à Coucher.

Cette pièce était autrefois la chambre à coucher de la reine.

La tenture est en $\frac{15}{16}$ violet, 800 fr.

Le lit, en $\frac{15}{16}$ jaune, 12,862 fr.

Le meuble est en gros de Tours nacarat.

Le tapis est d'Aubusson velouté, fond lie de vin, 2,924 fr.

Une pendule, trophées, à quantième et sonnerie, 1000 fr.

Objets d'art. Deux vases forme antique, porcelaine de Sèvres, 200 fr.

Deux vases porcelaine de Sèvres, à fleurs.

Troisième Salon.

Le meuble est en acajou couvert de gros de Tours fond blanc.

Le tapis d'Aubusson fond chamois, 2,582 fr.

Le lustre en cristal du Mont-Cenis, à huit lumières, 1000 fr.

Objets d'art. Un vase à anses de serpens avec un triomphe en bas relief, 10,000 fr.

Un tombeau agathe orientale, 1000 fr.

Un vase de Sèvres, 600 fr.

Deux vases, albâtre oriental, 800 fr.

Ce petit salon a été refait en 1810.

APPARTEMENT SUR LE FER A CHEVAL.

Notions générales. Cet appartement était celui du roi; il est situé au premier étage dans l'aile droite, et a onze croisées sur le fer à cheval : on y parvient par les mêmes issues que celles de l'appartement précédent.

Vestibule et Escalier.

Dans le vestibule est un grand candelâbre triangulaire, en marbre blanc, portant un vase, estimé 30,000 fr.

Au haut de l'escalier se voient deux bas-reliefs représentant, l'un Hippomène et Attalante, l'autre la Déesse du printemps, par Deschamps.

Antichambre.

Cette antichambre a été refaite en mai 1814. Le papier est fond jaune; elle renferme une caisse à glace qui contient le plan de Cherbourg.

Premier Salon.

La tenture est en cinq parties, taffetas vert, 300 fr.
Le tapis en moquette, fond brun, 1080 fr.
Le lustre en cristal de Bohême à douze lumières, 600 fr.

OBJETS D'ART. Une statue en bronze, Cléopâtre, 1500 fr.

Deux vases étrusques en lave, 600 fr.
Trois vases porcelaine de la Chine.

Deuxième Salon.

La tenture est en trois parties gourgouran rayé aurore, 1300 fr.

Le meuble est couvert en damas aurore et blanc.

Le tapis est en moquette fond vert, dessin à palmettes, 992 fr.

Le lustre en cristal de Bohême, à douze lumières, 800 fr.

OBJETS D'ART. Une statue en bronze, Moïse, 1500 fr.

Deux vases porphyre vert, 2,500 fr.

Deux vases porcelaine de Céladon, 800 fr.

Ce salon et le précédent ont été faits en l'an x (1801).

Salon de Réception.

La tenture est drapée en $\frac{15}{16}$ bleu, bordure brochée en or, 1000 fr.

Le meuble est couvert en soie blanche brochée en or.

Le tapis est de moquette, fond vert à étoiles, 1957 fr.

Le lustre est de cristal de roche, à seize lumières, 36,000 fr.

OBJETS D'ART. Huit vases en porcelaine de Sèvres.

Ce salon était autrefois la chambre à coucher du Roi.

Il a été refait en l'an x (1801).

Quatrième Salon.

La tenture est à tuyaux en taffetas blanc, de 1,400 fr.

Le meuble est couvert en étoffe de soie bleue, brochée en or.

Le tapis est de la Savonnerie, fond blanc, 8370 fr.

Le lustre est en cristal du Mont-Cenis, de douze lumières, 4000 fr.

Une pendule, modèle Architecture, de Robin, 2400 fr.

OBJETS D'ART. Une urne en cristal de roche, 12,000 fr.

Deux aiguières en cristal de roche, 22,000 fr.

Une coupe jaspe panaché rouge, 4000 fr.

Une coupe d'agathe orientale, 4,200 fr.

Chambre à Coucher.

Le meuble est couvert en velours vert.

Le lit est en chaire à prêcher.

Le tapis est de la Savonnerie, 5468 fr.

Le lustre en cristal de Bohême, 3019 fr.

OBJETS D'ART. Un pot à eau et trois gobelets cristal de roche, 12,000 fr.

Salle des Bains.

La tenture est en mousseline brodée et taffetas gris.

Boudoir.

Le meuble est en velours cerise.

Un tapis de la Savonnerie, 3,480 fr.

Un lustre en cristal de roche, à seize lumières, 6000 fr.

Objets d'art. Un tombeau en jade, 5000 fr.

Une coupe ronde, jaspe vert, avec trois figures d'enfans, en or, 40,000 fr.

Une coupe ronde, jaspe périteux, 1000 fr.

Une coupe, jaspe fleuri, 6000 fr.

Une coupe, Sardoine ailée, 24,000 fr.

Une coupe, jade blanchâtre, 6000 fr.

Une coupe, jade verdâtre.

APPARTEMENT SUR L'ORANGERIE.

Notions générales. Cet appartement était autrefois celui des enfans de France. Il est situé au rez de chaussée, sur le parc intérieur, près de l'orangerie et d'une superbe allée de marroniers. On y parvient 1.° par le parc, en entrant de plein pied par le salon de famille, 2.° par l'escalier de marbre, 3.° par l'escalier de la Reine.

Salon de Granit.

La tenture est en onze pièces, tapisserie des Gobelins, sujets d'histoire, mythologie et allégorie, 15,000 fr.

Objets d'art. Deux vases porcelaine de la Chine, fond blanc, 16,000 fr.

Ce salon a été meublé en l'an 10 (1801).

4 *

Deuxième Salon.

La tenture est en trois parties, taffetas vert, du prix de 1247 fr. 75 c.

Le meuble est partie en tapisserie de Beauvais, partie en velours vert.

Le tapis est en Aubusson velouté, fond couleurs variées, 3330 fr.

Troisième Salon.

La tenture est en trois pièces des Gobelins (Marc-Antoine à Ephèse), 8000 fr.

Le meuble est couvert en tapisserie de Beauvais, dessin à bouquets.

Le tapis est en Aubusson velouté fond brun, 3255 fr.

Le lustre en cristal de Bohême, à six lumières, 120 fr.

Une pendule a équation, (l'Étude) de Finet, 1200 fr.

OBJETS D'ART. Deux vases de porphyre forme d'urne, 3000 fr.

Quatrième Salon.

La tenture est en trois pièces, tapisserie de Beauvais, 3500 fr.

Le meuble est couvert en tapisserie de Beauvais,

Le tapis est de la Savonnerie, fond jaune, de 7949 fr.

Le lustre est en cristal de Bohême, à huit lumières, 150 fr.

Une pendule à quantièmes, en marbre vert, de Guiot, 1000 fr.

OBJETS D'ART. Un vase porphyre vert, 1500 fr.

Deux vases, porcelaine de la Chine, 1000 fr.

Bibliothéque.

Cette bibliothéque contient à peu près 6000 volumes.

Le tapis est en moquette, avec le chiffre M. A., 1,832 fr.

Le meuble est couvert en gourgouran cramoisi.

La pendule est à demi-seconde, forme carrée, panneaux à glaces, 1200 fr.

OBJETS D'ART. Deux bustes en bronze, Annibal et Scipion, 5000 fr.

Chambre à Coucher.

La tenture est en tapisserie des Gobelins (la Chaste Suzanne), 12,000 fr.

Le meuble est en velours vert; le lit en chaire à prêcher, 9000 fr.

Le tapis est de la Savonnerie, fond brun, 12,420 f.

OBJETS D'ART. Un buste de César, balsate noire, 6000 fr.

Salon Blanc.

La tenture est en damas blanc, dessin à couronnes, 16,142 fr.

Le meuble est couvert en étoffe pareille à la tenture.

Le tapis est de Tournai, fond blanc et vert, 10,600 fr.

Le lustre, cristal de Bohême, à seize lumières, 2,000 fr.

Une pendule, bouclier antique, de Robin, 950 fr.

Salon de Famille.

La tenture est en damas vert et blanc, 19,560 fr.
Le meuble est pareil à la tenture.
Le tapis est en moquette, fond violet, 3,981 fr.
Le lustre est en cristal du Mont-Cenis, de vingt-quatre lumières, 6,675 fr.
Une pendule en biscuit, Uranie, 1,500 fr.
OBJETS D'ART. Une coupe de jaspe gris et rougeâtre, 10,086 fr.
Une coupe d'agathe orientale, 40,086 fr.

Salle à Manger.

Elle contient quarante personnes : on y voit une table d'acajou, de 5000 fr.

Les murs sont en stuc : elle a été faite en 1801.

LISTE DES TABLEAUX

Placés dans les appartemens du château de Saint-Cloud, avec les noms des auteurs.

SALON DE DIANE.

Le Centaure Chiron apprenant à Achille à tirer de l'arc. *Regnaut.*

GALERIE D'APOLLON.

Compartimens au-dessus des croisées.

Le Triomphe d'Amphitrite. *Bertin.*
Amphion sur les eaux. *Bertin.*
Diane partant pour la chasse. *Germiniani.*

Panneaux à droite.

1. Portrait de femme. *Hals.*
   L'Annonce aux Bergers. *Vanderverf.*
   L'Age d'Or. *Limbourg.*
2. Portrait d'homme. *Hals.*

Portrait d'un Bourgmestre. *Keiser.*
Une Scène familière. *Pietre de Hooge.*
3. Un Tableau représentant trois Muses. *Lesueur.*
Scène familière. *Terburg.*
4. Une Sainte Famille. *André del Sarte.*
Une Scène intérieure. *Verkolie.*
Le Jugement de Pâris. *Alexandre Véronèse.*
5. Une Muse. *Lesueur.*
L'Arrivée à l'hôtellerie. *Linguelback.*
Le Paradis terrestre. *Breughels.*
6. Une Muse. *Lesueur.*
L'Adoration des Bergers. *Benedette Castiglione.*
L'Elément de l'air. *Breughels.*
7. Une Muse. *Lesueur.*
L'Adoration des Rois. *Dietrick.*
Un Paysage. *Berchem.*
8. Un Tableau représentant trois Muses. *Lesueur.*
Une Bacchanale. *Lairesse.*
9. Portrait d'un Géomètre. *Ferdinand Bol.*
La Visitation. *Liévens.*
Passage d'un défilé. *Both.*
10. Le Portrait de Barnevelt. *Mirvelt.*
Les Pélerins d'Emmaüs. *Vantudort.*
Un Paysage. *Moucheron.*
11. Guillaume de Nassau. *Terburg.*
Vue de monumens de Rome. *Pannini.*
12. Le Prisonnier en colère. *Rembrant.*
Vue de monumens. *Pannini.*

(81)

Panneaux du côté de la cour.

1. La Vierge et concert d'Anges. *Trevisani.*
   Le Serpent d'airain. *Subleyras.*
2. Saint-Jean. *Guido Cagnacci.*
   Vue d'un canal. *Van Goyen.*
3. Les trois Parques. *Michel Ange.*
   L'Intérieur d'une cuisine. *Kalf.*
   Le Retour de la promenade (ancienne collection). *Wouvermans.*
4. La Sainte Famille. *Stella.*
   L'Intérieur d'une cuisine. *Kalf.*
   Le Départ d'Hélène. *Lairesse.*
5. Le Départ de l'Amour. *Vien.*
   Un grand Paysage. *Bidault.*
6. Portrait d'un jeune homme. *Ludovica Lana.*
   Une Sainte Famille. *École de Raphaël.*
   La Vierge et l'Enfant-Jésus. *Sasso Ferata.*
   Le Porte drapeau. *Wouvermans.*
7. L'Amour endormi. *Élisabeth a Sirani.*
   Saint-Jean l'Évangéliste. *Rubens.*
   Un Pot de fleurs. *Mignon.*
8. Un Portrait d'homme. *L'Espagnolet.*
   La Vierge et l'Enfant-Jésus. *Rubens.*
   Un Pot de fleurs. *Mignon.*
9. Le Portrait de Guerchin. *Guerchin.*
   La Vierge, l'Enfant-Jésus et Saint-Joseph. *Luini.*

Le Martyre d'une Sainte. *Veninx*.
La Vierge et l'Enfant-Jésus. *Léonard de Vinci*.
10. Sévère reprochant à Caracalla, son fils, d'avoir voulu l'assassiner. *Greuze*.
Cicéron faisant ouvrir le tombeau d'Archimède. *Walenciennes*.
11. Alphée et Aréthuse. *Restout*.
Une Bataille. *Vandermeulen*.
Une grande route. *Breughels*.
12. Pygmalion amoureux de sa statue. *Raoux*.
Une Bataille. *Vandermeulen*.
L'Histoire de l'Enfant prodigue. *Frank*.

Salon de Mars.

La Mort du général Desaix. *Regnault*.

Salon de Louis XVI.

Le Portrait en pied de Louis XVI. *Calet*.

Grand Salon Cramoisi.

Joseph et la femme de Putiphar. *Leonello Spada*.
Clorinde et Tancrède. *Tiavini*.

Salle de Billard.

César Auguste au tombeau d'Alexandre. *Bourdon*.
Une Marine, Lever du soleil. *Vernet*.

Une Marine, Clair de lune. *Vernet.*
Un Matin. *Vernet.*

Premier Salon sur la cour d'honneur.

Deux Vues des environs de Naples. *Denis d'Anvers.*
Deux Marines, Lever du soleil. *Claude Lorrain.*
Joseph explique les songes de Pharaon. *Coning.*
L'Épouse de Rubens et ses Enfans. *Rubens.*
Le Contrat de Mariage. *Jean Stéen.*
La Présentation au temple. *Bourdon.*
La Toilette. *Terburg.*
Un Tableau de fruits, fleurs et oiseaux. *David de Heem.*

APPARTEMENT SUR LE FER A CHEVAL.

Antichambre.

Une Vue de Saint-Cloud. *Dunoüd.*
Orphée attirant les animaux. *Bidault.*
Achille chez Déidamie. *Lairesse.*
La Cène. *Lairesse.*

Premier Salon.

Phèdre et Hyppolite. *Guérin.*
La Vierge et l'Enfant-Jésus. *Guide.*
L'Union du dessin et de la couleur. *Guide.*

La Bergère des Alpes. *Vernet.*
Un Paysage, *La Hire.*

Deuxième Salon.

Les Cinq Saints. *Raphaël.*
La Vierge et Sainte-Martine. *Pietre de Cortone.*
Deux Saintes Familles. *Albane.*
La Vierge aux Anges. *Rubens.*
Le Mariage de Sainte-Catherine. *Guerchin*
La Pentecôte. *École allemande.*

APPARTEMENT SUR L'ORANGERIE.

Quatrième Salon.

Le Portrait de l'amiral Tromp. *Terburg.*

DEUXIÈME APPARTEMENT DU REZ DE CHAUSSÉE.

Antichambre.

Deux Intérieurs d'églises, figure de Franck. *Péters Neeffs.*
Vue de la place Navonne, à Rome. *Lannini.*
Deux Vues de l'église et du palais de Saint-Marc à Venise. *Genre du Canalleti.*
Autre Vue de Venise. *Canalleti.*

Salle à Manger.

Quatre Vues de Venise. *Canalleti.*

Bataille gagnée par le prince Eugène, à Luzzara. *Hugtemburg.*
Bataille d'Oudenarde. *Hugtemburg.*
Un Incendie. *César Vanloo.*
Un Paysage, par un peintre moderne hollandais.

Salon.

Le Soleil couchant, ou le Soir. *Vernet.*
Un Coup de vent. *Idem.*
Les Baigneuses, paysage. *Idem.*
Le Retour de la pêche, marine. *Idem.*
Renaud et Armide. *Van Dyck.*
Clélie passant le Tibre avec ses compagnes. *Stella.*
Tête de Vierge en adoration. *Sasso Ferata.*
Autre tête de Vierge. *Pompeo Baltoni.*

Chambre à coucher.

Deux Marines hollandaises. *Van-Os.*
Moïse sauvé des eaux. *Ad. Vanderverff.*
Saint-Jean prêchant dans le désert. *Leclerc.*
Le Café. (Scène intérieure.) *Mieris.*

Cabinet de travail.

Vue d'une maison de campagne. *Vander Heyden.*
Deux Paysages. *Schoevaerts.*
Le Triomphe de Pomone. *École de Rubens.*

Une Vue d'Italie. *Van Blomen* dit *Horisonts*.
Deux Batailles. *Bourguignon.*

Deuxième Chambre à coucher.

Le Chimiste en méditation *Bilcoq.*

ENTRETIEN ANNUEL

DU CHATEAU DE SAINT-CLOUD.

L'entretien du Château se divise en deux parties, l'une a rapport aux bâtimens et l'autre au mobilier.

Dans l'entretien des bâtimens, est compris celui des eaux et des parcs et jardins.

L'entretien fixe et annuel des bâtimens était fixé ainsi qu'il suit en 1814 :

Bâtimens.......... 45,000 f. ⎫
Eaux............. 13,000   ⎬ 94,000 fr.
Parcs et jardins. ... 36,000 ⎭

L'entretien du mobilier se divise en entretien fixe et en entretien non fixe qui, réunis, forment, en prenant un terme moyen, à peu près 20,000 fr.

L'entretien général est donc de 114,000 fr.

CHEMINS VICINAUX

DE LA COMMUNE DE SAINT-CLOUD.

Chemin de Montretout.

Ce chemin est derrière le château de Montretout, et communique à celui de l'ancienne laiterie de la Reine.

Longueur 156 mètres; largeur 3 mètres 89 centimètres.

Chemin de la Guette.

Ce chemin commence au-dessous de l'hospice, à gauche, et aboutit au chemin qui conduit à la Malmaison.

Longueur 1,050 mètres; largeur 5 mètres 83 centimètres.

Chemin des Bœufs.

Ce chemin est vis-à-vis le réservoir de la maison de M. Bourienne, à gauche.

Longueur 964 mètres 60 centimètres; largeur 3 mètres 93 centimètres.

Chemin tendant de Garches à Suresne.

Ce chemin est celui qui conduit de la Porte-

Jaune, au-dessous du Mont-Valérien, à Suresne et à Rueil; il traverse le chemin de la Malmaison.

Longueur 2631 mètres 15 centimètres; largeur 3 mètres 28 centimètres.

Chemin tendant de Saint-Cloud à Rueil.

Ce chemin traverse Saint-Cloud et les vignes, et aboutit au Mont-Valerien, à Rueil et à Suresne.

Longueur 1147 mètres 87 centimètres; largeur 5 mètres 82 centimètres.

Chemin des Chailloux, dit des Quatre-Colas.

Ce chemin communique aux chemins de la Guette et de Bœufs.

TABLE DES MATIÈRES.

Appartemens (Grands). 62
Appartemens d'honneur dans le château. 61
Appartemens d'honneur dans les dépendances. *Idem*
Appartement sur la cour d'honneur. 68
Idem sur le fer à cheval. 71
Idem sur l'orangerie. 75
Assassinat de Henri III. 19

Bâtimens du fleuriste. 57
Bourg de Saint-Cloud. 1
Brumaire (18). 23
Bureaux des bâtimens. 57

Cascades et jets d'eau. 47
Cascade (haute). *Idem*
Cascade (basse). 49
Cascades (consommation des). *Idem*
Chapelle. 36
Chapitre (ancien) de Saint-Cloud. 12
Château. 53
Château (description du). 38
Château (assiette du). 37
Château (intérieur du). 61
Chemins vicinaux de Saint-Cloud. 37
Chilperic reçoit à Nogent (aujourd'hui Saint-Cloud), les ambassadeurs qu'il avait envoyés à Constantinople trois ans auparavant. 13

Commun (Grand).	55
Communauté de la Mission.	12
Couvent des Ursulines.	9
Dépendances du château.	52
Eaux (d'où proviennent les).	50
Écuries (hautes).	53
Écuries (basses).	54
Église collégiale de Saint-Cloud.	9
Entretien annuel du château.	86
Félicité (la).	43
Fête donnée à Saint-Cloud par le prince Schwarzenberg.	30
Foire de Saint-Cloud.	1
Galerie d'Apollon.	63
Glacière	60
Grand jet ou Géan.	49
Grand jet (hauteur, force, consommation du).	50
Grille de Saint-Cloud.	57
Grille de Sèvres.	58
Grille du pavillon Breteuil.	*Idem*
Grille de Ville-d'Avray.	59
Grille de la Carrière.	60
Guillaume de Saint-Cloud.	51
Hôpital.	10
Hôtel de Bourbon.	33
Incendie de la maison de Valincourt.	32
Jardin fleuriste.	46
Maison-Neuve.	32

Maison Brancas.	53
Maison Barthélemy.	59
Maison de Gondy.	34
Maison Serpe.	54
Manége.	*Idem*
Orangerie.	52
Origine du nom de Saint-Cloud.	4
Origine du mot Montretout.	35
Orléans (Philippe-Joseph d').	31
Parc et jardins.	40
Parc particulier.	*Idem*
Parc public.	43
Pavillon d'Artois.	53
Pavillon Breteuil.	56
Pavillon de l'allée des Soupirs.	55
Pavillon de Montretout.	*Idem*
Pavillon du chef jardinier.	57
Pierre de Saint-Cloud.	31
Population.	4
Pont.	2
Porte de Marne.	59
Porte de Ville-Neuve.	*Idem*
Porte-Jaune.	60
Prussiens (les) s'emparent de Saint-Cloud en 1815.	30
Réservoir (grand).	51
Russes (les) entrent dans Saint-Cloud en 1814.	30
Salle de spectacle.	52
Salon de Mars.	62
Salon de Diane.	65
Salon de Louis XVI.	66

Salon des Princes.	*Idem*
Salon Cramoisi (grand).	67
Saint-Cloud reduit en cendres.	15
——pris par Jean de Bourgogne sur Charles d'Orléans.	16
——occupé par l'état-major autrichien.	30
——visité par l'empereur de Russie.	*Idem*
——visité par le roi de Prusse.	*Idem*
——visité par l'empereur d'Autriche.	*Idem*
Sculptures du château.	38
Statues et vases du parc.	41
Suspension d'armes signée à Saint-Cloud.	31
Tableaux placés dans les appartemens du Château de Saint-Cloud.	79
Traité d'alliance conclu à Saint-Cloud entre Chilperic et Childebert.	14

Fin.

www.ingramcontent.com/pod-product-compliance
Lightning Source LLC
LaVergne TN
LVHW050633090426
835512LV00007B/830